乳幼児期から育む自尊感情
生きる力、乗りこえる力

目次

1 自尊感情とは何か

2 共有体験が自尊感情を育む

3 生きる力と乗りこえる力

1

自尊感情とは何か

現代の子どもの苦しみ

自分に確信が持てない子どもたち

豊かな国、日本の子どもたち――。世界各地の戦争地帯や貧困地域にいる子どもたちの、悲惨な状況と悲痛な叫び、痛みや苦しみ、恐れと不安とは対照的に、私たちのまわりで暮らす日本の子どもたちは、苦しみと無縁の毎日を送っているように見えます。家族や友人たちに囲まれて、幸せで充実した毎日を送っているに違いありません。

しかし、少なからぬ子どもたちが、実は私たちの目には見えない、苦しみと不安と恐れから逃れられない時間を過ごしています。

私は、スクールカウンセリングの仕事を30年以上やってきましたが、子どもたちのこういう言葉をしばしば耳にしてきました。

「自分は生まれてきてよかったのだろうか」

「自分には価値があるのだろうか」

「このまま生きていていいのだろうか」

自分自身の存在を根底から揺るがすような思い、生きていること、生きていくことに対する不安と自信のなさ…。こうした彼らの心の奥底からの悲痛な叫びは、表面上は平静を装っているその口から発せられたからこそ、なおいっそう私の胸に突き刺さってきました。彼らの言葉をさらに突き詰めていくと、「いのちってなんだろう」「死んだらどうなるんだろう」といった切実な問いかけがありました。

このことは、裏を返せば自分自身の存在に確信が持てないということです。自尊感情や自尊心が揺らいでいる状態といってもよいでしょう。

もちろん、こうした心の叫びを聞いていたのは私だけでなく、多くの教育関係者も同じく、その揺らぎを捉えていました。

「子どもたちのやる気がない」

「自信のない子どもが多い」

「簡単に『死んでしまいたい』という言葉を口にする」

といった声をよく聞きました。

このようなことを言う子どもを見た時、多くの大人は「彼らは自分に自信がない」「自尊感情が低い」と理解するでしょう。そして、自分に自信がないのなら、自信を持てるように、自尊感情が高まるように働きかけようとするでしょう。

アメリカの先例

現在に至る子どもの自尊感情をめぐる議論の発端は、１９８０年代のアメリカにまでさかのぼります。当時のアメリカでは、貧しい家庭に生まれ、学力が低いために自信が持てず、社会に出て意欲的に働くことができない子どもの存在が問題視されていました。そこで、州によってはかなりの教育予算を投じて、そうした子どもの自尊感情を高める教育運動が展開されました。

主に行われたのは、子どもをほめて認めて、成功体験を積ませることで自尊感情を高めようとする教育でした。しかし、10年ほど経った後の結果は、期待していたものとは違いました。

確かに子どもに自信はついたものの、自己中心的でわがままな子どもが増えました。当初期待していた、本当の意味で自信を持ち、生きる力や打たれ強さを高め、その自信に裏打ちされて他者を思いやろうとする態度はほとんど育っていなかったのです。

こうしたことから、自尊感情を育てることは必ずしも良いことばかりではないのではないかという批判が生まれました。

そして、アメリカから遅れること約10年、冒頭でも述べましたが、日本でも子どもの自尊感情が取りざたされるようになりました。

ほめればよいのか？

１９９０年代に入った辺りから、「セルフエスティーム」（self-esteem）という言葉が日本でも広く知られるようになってきました。この言葉はアメリカから入ってきたもので、日本語に訳すと「自尊感情」「自尊心」「自信」という言葉になります。小学校でも中学校でも高等学校でも、先生方が次のようにおっしゃるのを聞いてきました。

「今の子どもは『自信がない』『セルフエスティームが低い』、だから認めたり、出番をつくったり、成功体験を積ませたりして、『君にはできることがあるんだよ。君にはこんな力があるんだよ』という指導を心がけている」

つまり、何か良いことをしたらほめるとか、うまくできたら評価するとか、なにげない一瞬に目を向けて声をかけるとか、何か役割を与えるとかすることが、子どもが自信を持つきっかけとなり、自尊感情が高まるというのです。

こうして、全国の教育現場では、様々な取り組みがなされたと思います。しかし、やはりアメリカの先行事例と同様に、期待する成果があったという報告は聞いていません。

私は、そのような指導や考え方にずっと疑問を感じていました。

実際にカウンセラーとして、たくさんの子どもたちと話をしてきた経験から、彼らがカウンセリングに来るのは「ほめられたい」などという理由からではないことを知っていたからです。

子どもたちは何を求めているのか

カウンセリングというのは、カウンセラーとクライエントである子どもが、端的にいえば「ワケのわからない心の葛藤や不安を、なんとか言葉にして語り合う」行為です。心の内側を言葉にする、いわゆる言語的な知能が高いことが、カウンセリングのベースに乗りやすくなる条件です。このことは、カウンセリングに来る子どもは言語力がある、つまり勉強ができる子どもが多く含まれている、ということも言えるのです。

勉強ができるわけですから、ほめられる機会はたくさんあったと思います。しかし、そんな子どもがカウンセリングを受けに来て、不安を告白するのです。最初の頃の私はその矛盾に気づかずに、その子どものいいところを見つけてほめようとしたこともありました。そうした子どもは、そんな私の考えを見透かしたように「ほめられたくてここに来たわけじゃないんです」と言いました。「じゃあ、なぜここに来たの?」と問うていくと、「それがわからないから来ているんです」という答えが返ってきました。「何だかわからない不安やモヤモヤがあるんです」と…。

容姿についても、私などから見れば充分といえるのに、子どもたちは「自分はダメだ」と言います。別にいじめられているわけでもなく、学力も高く、将来の選択肢も豊富に選べる立場です。しかし、いくらそんなことを伝えてあげても彼らは救われないのです。

頭のいい子どもたちですから「人と比べれば自分は多くを持っている」ということはちゃんと理解しています。しかし、そんなことでは彼らの心の奥底にある不安や孤独感は癒されない、というのです。

何かができないからダメだとか、何に失敗したから自信を失ったとか、そうした表面的なところではなくて、もっと根源的なところで不安や寂しさ、葛藤を抱えているのです。

自尊感情モデルを疑う

私は、自尊感情の研究に取り組む学校を訪れて、多くの現場の教師たちと議論を重ねました。しかし、当時あったどのような理論を用いても、現場の教師が納得するような結論を得ることはできませんでした。

もちろん、ほめたり評価したり、あるいは、声をかけたり役割を与えたりすることは間違ってはいません。しかし、それだけでは不十分なのです。

自尊感情が低いことが問題である、という認識では一致しますが、それをどう理解するか、そしてどのようにそれを育んでいくかという点で、これまでの教育現場での捉え方や対応の仕方には限界があることがわかってきたのです。

私は、ほめて認めて育まれる自尊感情というのは、実は人間が必要とする自尊感情のうちの一部にすぎず、その根っこには、もっと大事な部分があるのではないかという考えを持つようになりました。

もっと根本的な自尊感情がある。子どもの自尊感情の問題については、その根っこの部分が弱まっているのではないか。育つはずの部分が、育っていないのではないか。私は思索を巡らしました。そして、自分がこの世界に生まれてきて、ここに生きているということを無条件に認めるような感情、それが本当の自尊感情なのではないかという問題意識を持ち、研究を重ねていったのです。

自尊感情とは何か

自尊感情についてのある公式

自尊感情についての研究の起源は、19世紀末のアメリカにまでさかのぼります。

1890年に、心理学者のウィリアム・ジェームズ（James, W.）が『心理学原理（The Principles of Psychology）』という本を書いています。第1巻が689頁、第2巻が688頁にも及ぶ大著で、心理学を学んだ人々の間では広く知られている古典です。その第1巻の第10章「自己意識」の前半で、自尊感情（self-esteem）について言及されていました。

そこには、こんな数式が書いてありました。

Self-esteem ＝ Success ÷ Pretensions
自尊感情 ＝ 成功 ÷ 要求

ジェームズによれば、自尊感情は、「成功」を分子とし、「要求」を分母とする割り算によって決定されます。

この公式によると、成功が大きければ大きいほど自尊感情は高まります。しかし、要求の量も関係していることも示されています。つまり、どれほど大きな成功をしても要求が大きければ自尊感情は低く、小さな成功でも要求が小さければ自尊感情は高まるということになります。

自尊感情は、誰にでも共通した値を持つものではなく、その人のその時の要求と、成功の度合いによって高まるという考え方です。まわりからいくら成功しているように見えても、当の本人が求めているものと合致していなければその人にとっては意味がありません。要求の大きさと比較して成功の度合いがある程度の大きさでなければ、自尊感情は高まらないということになります。逆にいえば、それほど能力が高くない人の場合、その能力の度合いに合わせて要求を設定して達成することができれば、自尊感情は高まるということになります。

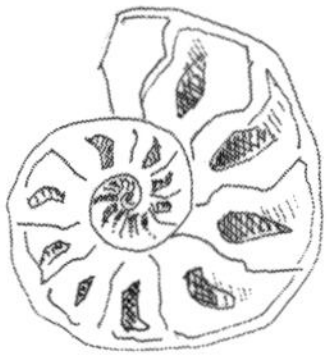

自尊感情は成功によって決まるか?

いずれにせよ、ジェームズの公式が示すのは、自尊感情は「成功」という結果に依存している値だということです。成功というものの多くは、社会の中で相対的に決まってきます。要求のサイズに関係するとはいえ、人と比べて自分には価値があるかどうか、社会の中で優れているかどうか、ということで決まってくる感情なのです。

このジェームズの定義にある考え方は、今もまだ生きています。アメリカでも日本でも、自尊感情といえば多くの人が、達成したものが認められたり、ほめられたりすることで育つものだと思っています。何か優れた結果を出して達成感を得ることを繰り返して、自尊感情は高まっていく…、と。

これも大切な感情だと思います。自分は優れていると思えないと、やる気が出ないこともあるでしょう。また人に勝とうと思って頑張って練習をしたり、勉強をしたりして成績を上げるという、いわば向上心の基になるのはこういう感情です。しかし、これがすべてではないと思います。

ジェームズが、自尊感情についてこのような形で心理学の土俵で最初に語ってから120年以上経ちますが、私たちはこの呪縛から逃れられずにいるのかもしれません。

自尊感情には二つの領域がある

そもそも自尊感情は、自尊心、自信、自己肯定感、自己受容感、自己効力感、自己有用感、自己有能感、セルフエスティームなど、様々な概念と近接する感情です。

しばしばそれらは混同され、誤った解釈の下で乱用されているといってもよい状況です。私はこれらを整理しながら、自尊感情を明確に他の概念と区別して定義し直しました。そして、多くの現場の教育者と研修を重ねて、次のような自尊感情の概念モデルに辿り着きました。

私は、自尊感情の概念は二種類あると考えます。

「社会的自尊感情」と「基本的自尊感情」です。

社会的自尊感情とは

自尊感情の一つ目の領域を「社会的自尊感情」（Social Self Esteem）と呼んでいます。これは、相対的に人より優れているという思いから高まる自尊感情で、ジェームズが示した自尊感情に近いものです。

他者からほめられたり、認められたり、成功体験を積んだりすることによって高まる感情で、他者との比較に基づく相対的な優劣による感情といえます。「できることがある」「役に立つ」「価値がある」「人より優れている」と思うことで、有能感、万能感、優越感、プライドといった種類の感情が高まり、いわゆる「自信がある」という状態になります。

例えば、親や教師、あるいは信頼する大人からほめられる、見つめられることで、この自尊感情は大きくふくらみます。算数のテストで１００点を取る、運動会のリレーで一等賞を取る、「よくやった」「えらいね」とほめられる。こうした経験を通して、社会的自尊感情は高まっていきます。しかし、失敗したり、叱られたりするとすぐにその感情はしぼんでいきます。その場の状況や状態に左右されやすい不安定な自尊感情なのです。

人は、ずっと誰かに勝ち続けるということはできません。オリンピックを連覇するようなスポーツ選手であっても、永遠に勝ち続けることはできないのです。たくさん勝ち続けて充足していったとしても、そこで得た満足感を揺るがすような評価の転換が起これば、積み上がった自尊感情は一気に崩れてしまいます。つまり、まわりの状況によって変わってしまうのです。あくまでも、社会の中で人と比較をしながら決まるという意味で、「社会的」な自尊感情なのです。

ふくらんで、しぼむ

社会的自尊感情は、熱気球のようなものをイメージするとわかりやすいと思います。頑張ってほめられて、認められる。これは熱気球にガスバーナーで熱風を送り込んで、ふくらませることと同じです。吹き込んだ分だけ留まっていればいいのですが、そうはなりません。成功することがなければバーナーを休めているのと同じで、徐々に気球はしぼんでいきます。また、熱風を送り続けて温めすぎれば、破裂してしまうこともあります。これは、頑張りすぎて力尽きてしまう状態です。

このように、常にふくらんだりしぼんだりしているのが社会的自尊感情です。ウィリアム・ジェームズが定義したのは、この社会的自尊感情のことだったのではないでしょうか。

ジェームズの公式では、要求（分母）に合わせて成功（分子）を重ねることで自尊感情が高まります。今の社会、まわりが要求水準を定めて、それに応えるかたちで成功を勝ち取ります。しかし成功すれば、その分、次回の要求が上げられてしまうでしょう。子どもにも同じことがいえます。果たして自分で要求を決められる子どもが、どれぐらいいるでしょうか。

成功が要求され続ける感情

社会的自尊感情は、成功しない限り保つことはできません。「這えば立て、立てば歩めの親心」という言葉がありますが、こういったことが社会全体に蔓延していて、いつまで経っても限りなく「これでよし」とされないのです。今の子どもたちは、そういう状況に追い込まれているのではないかと思います。

親や教師は、勉強を頑張って、少しでも上位を目指すように叱咤激励します。勉強が順調に進めば、成績は向上して社会的自尊感情はより高くなります。しかし、この感情には際限がありません。終わりなく競い続け、勝ち続けなければならないレースは、子どもたちを疲れ果てさせます。それでも、勝ち続けられる少数の子どもはまだ救われますが、中途のいずれかの段階で大多数の子どもたちは敗者とならざるを得ません。その時、社会的自尊感情はつぶれることになりますが、それでも自分を支える自尊感情はあるでしょうか。

カウンセリングに来ていた子どもたちのことを思い出してください。まわりから見て「そんなことでいちいち凹まなくてもいいじゃないか」「誰にだってそういうことはあるよ」ということでも、本人にしてみたら非常に辛いのです。まわりが何を言おうが、本人が辛いと思えばどうしようもありません。

人は社会の中で、自らの評価を求めて生きる欲求を持っています。そういう意味で、向上するために、挑戦するためには、社会的自尊感情は欠かせない大切な感情だといえます。

しかし、人が生きる上では、さらに大切な感情の領域があるのです。

基本的自尊感情とは

自尊感情の二つ目の領域は「基本的自尊感情（Basic Self Esteem）」と呼ばれるものです。

この自尊感情は、成功や優越とは無関係に自分の良いところも悪いところもあるがままに受け入れ、自分を大切な存在として尊重するものです。他者との比較に基づくものではなく、絶対的で無条件の感情であり、根源的で永続性があります。

満足感、やすらぎ、安心、あるいは納得のいくあきらめといった種類の感情で、「生きていていい」「このままでいい」「これ以上でも以下でもない」「自分は自分」と無理なく自然に思える感情のことです。

私は、基本的自尊感情こそ、人間の自尊感情の基礎を支える重要な役割を果たす領域だと考えています。ふくらんだりしぼんだり、つぶれてしまったりする社会的自尊感情を、下でしっかりと支えてくれるのが基本的自尊感情です。これは、人生の中で何度も経験するはずの挫折や困難を乗り切る原動力になるともいえます。

少しずつ、ゆっくり形成される

不確かで不安定な社会的自尊感情と違って、基本的自尊感情は、少しずつゆっくりと、薄紙を重ねていくようにして形成されます。身近で信頼する人と体験を共有し、同時に感情を共有することによって、自分はこれでいいのだと、わかっていくのです（詳細は50頁以降）。

そうやって形成された感情は、他者との比較で成り立つ相対的なものではなく、絶対的で無条件に自分を受け入れられる感情となります。形成されて、しっかりと固まると、容易なことでは揺るぎません。

この基本的自尊感情が乏しい子どもが増えているというのが、私自身のこれまでのカウンセラーとしての経験や、高校教師・大学教師としての経験からの印象でもあります。現場で子どもの育ちを見ている方々にも、共通する実感ではないでしょうか。

なぜジェームズは見落としたか

私が自尊感情について研究を始めて、基本的自尊感情の概念に辿り着いた時、なぜジェームズは、こんなに大事な領域を見落としてしまったのだろうと驚きました。

しかし、しばらくして、120年前の世界では「あえて言わなくても」ということだったのかもしれないと思うようになりました。ジェームズが自尊感情を定義した時代には、その数式だけで説明することは間違いではなかったのだと思ったのです。

当時の社会では、みんながいっしょに食事をして、家事労働して、地域社会に関わるような生活を送っていました。普通に暮らしてさえいれば、自分の存在を疑う必要もなかったのではないでしょうか。よくいえば「ここにいていいのだ」という確信ですが、悪くいえば「ここにいるしかない」という呪縛でもあります。嫌でもここに生まれて、ここで育って、ここで暮らして、ここで病にかかり、ここで死んでいくしかない。でも、家族や地域の一員として「そこにいてもいい」という絶対的な安心と保障があって、コミュニティの網の目にがんじがらめにされながらも、強力なソーシャルサポートもあったのだと思います。

今の子どもたちのように、「今ここにいること」について疑問を感じたり、そのことを改めて問い直したりすることはなかったのでしょう。生きていること、存在していることは、当たり前のことだったのです。

巨大ピラミッドを登り続ける

現代社会では、家族が崩壊の危機に瀕し、地域社会の関係も希薄となり、日常生活の中で基本的自尊感情を育む要素が極限まで減少してしまいました。かつては誰もが当たり前に持っていたこの感情を持つことができず、ここに生きていること、存在していることに不安を感じ、自信が持てない状態に置かれています。

逆に、誰もが社会的自尊感情を育むことには熱心です。社会全体が熱に浮かされたように、巨大なピラミッドの少しでも上を目指すことを期待し、奨励しています。子どもたちは、頑張り努力し成功し続け、息つく間もなくピラミッドを登っていきます。

肥大化する社会的自尊感情に対して、基本的自尊感情が乏しくなってきていることで、生きる力のバランスが崩れてしまっているのです。

自尊感情のタイプ

自尊感情の４つのタイプ

子どもの自尊感情を考える時には、社会的自尊感情と基本的自尊感情の二つの領域の特性を知り、注意深く見ることが大切です。自尊感情は、基本的自尊感情と社会的自尊感情のバランスから、次の４つのタイプに分けて整理することができます。

SB タイプ

大きく安定した自尊感情

何があっても大丈夫、立ち直れる

Sb タイプ

肥大化して不安定な自尊感情

頑張り屋の良い子、不安感

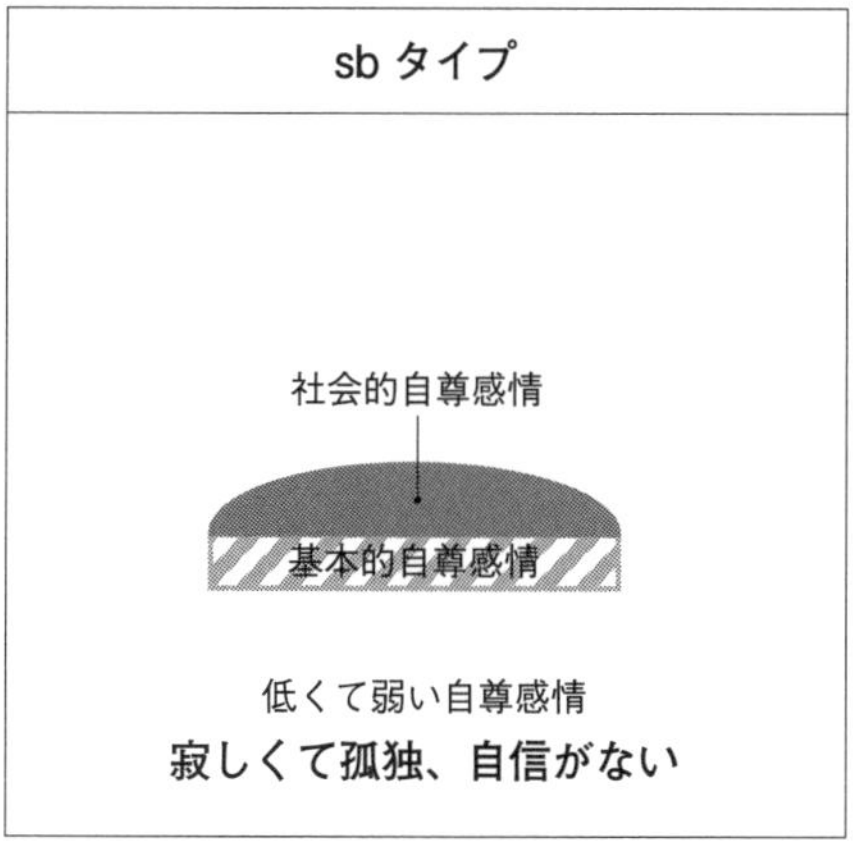

・SBタイプ＝自尊感情の二つの部分がバランスよく形成されている
・sBタイプ＝社会的自尊感情が育っていない
・sbタイプ＝自尊感情の二つの部分が両方とも育っていない
・Sbタイプ＝社会的自尊感情が肥大化している

■SBタイプ

右上にあるSBタイプは、基本的自尊感情がしっかりと育った上に、社会的自尊感情が育っています。二つの領域を合わせて自尊感情全体が大きく、そして、ともにバランスよく形成された安定したタイプです。

多くの成功体験を重ね、社会的自尊感情は高まっています。同じく、下支えする基本的自尊感情もしっかりと育まれているため、何らかの失敗や叱責で社会的自尊感情がしぼんでしまっても、充分に育った基本的自尊感情が心を支えてくれます。落ち込むことはあっても、どん底までいくことなく、自力で立ち直ることができます。

「自分は自分でいいのだ」という部分がしっかりしていますから、安心して社会的自尊感情も育むことができるのです。つまり、何事にも積極的に取り組んでいくことができ、失敗したとしても大きくしぼむことはありません。

こういう子どもの場合、自分がしっかりしているだけに「嫌なことはしない」「ダメと思われても気にしない」という態度がはっきりと見えてしまうことがあります。教育現場の教師によっては、「評価」が分かれてしまう場合もあるほどです。こういう子どもは、安心して自由に伸ばしてあげるのが一番です。

■sBタイプ

左上のsBタイプは、基本的自尊感情はしっかりと育っていますが、社会的自尊感情が育っていません。より上を目指そうという努力や頑張りに欠けるのが課題と捉えられることもありますが、まわりからは、のんびり屋さんに見られているタイプです。

実は、教師という仕事をしていて、最もやりがいを実感できるのが、このsBタイプのような子どもを指導する時かもしれません。このような子どもの心に火がついて、やる気が起きれば、人が変わったように挑戦を始め、努力を重ね、成功体験を積み上げていくことになります。やがてはSBタイプの子どもになるまでの成長ぶりを見届けることもできます。

■sbタイプ

左下のsbタイプは、社会的自尊感情と基本的自尊感情の両方の領域が育っていません。あらゆる面で自信がなく、孤独で、誰が見ても心配な子どもです。虐待を受けてきた子どもなどは、こうしたタイプの典型だと考えられます。

このタイプの子どもは、クラスにいるとすぐに目に留まります。教師の目もsbタイプに向かう傾向があり、教育現場ではすぐに発見されて、手当てを受けます。

影が薄く、消え入りそうな存在であるこうした子どもには、ほめたり評価したり、成功体験を積ませたりすることは有効で、すぐに大きな効果が現れます。しかし、あくまでも社会的自尊感情がふくらんでいるだけですから、その効果は一過性のものです。並行して基本的自尊感情を育むような関わりや体験を促していくことが大切です。

見るからに生きる活力が乏しく、心配な状態ではありますが、それだけに発見されやすく、支援されやすい存在です。様々なサポートや手当てを受けながら、元気を出していってくれると思います。

■Sbタイプ

右下のSbタイプは、私が最も心配する子どもです。自尊感情全体としては、SBの子どもたちと同じくらい大きく立派です。ところがその大半は社会的自尊感情で、基本的自尊感情が育まれていないのです。これでは、社会的自尊感情がしぼんだり、頑張りすぎて破裂したりした時に、危機に直面してしまいます。

誰が見てもすぐに気づかれるsbタイプの子どもであれば、気にかけてもらえて、救われる可能性は高まります。しかしSbタイプの子どもの場合、一見自尊感情が充分に育っているように見えるため、親やまわりにいる大人や先生が「この子は大丈夫」と思ってしまいがちなのです。

こうした子どもたちは、いつも力を抜かず、叱られないように、ほめられるように頑張り続けています。親や先生の言うことも聞くし、友達ともうまくやって、学校生活を何の問題もない状態にしています。だからなおさら大人たちは期待して、次を求めて要求してしまうのです。しかし実態としては、彼らは「頑張り続けている」のです。

でも、人はそんなにいつまでも頑張り続けることはできません。頑張るという熱風が途絶えたとたんに、社会的自尊感情は一気にしぼんでしまいます。その時、支えてくれるはずの基本的自尊感情という自分の心の根っこが乏しいと、熱気球はしぼんだままで墜落してしまうのです。

こういう子どもは、頑張ることをやめたり、何かで失敗したりしたら、自分は生きていけなくなるのではないかという不安を常に抱えています。熱風を途絶えさせないように、つまり、決して負けたり失敗したり叱られたりしないように、彼らは神経を張りつめて頑張り続けているのです。

私のところへカウンセリングに来た子どもたちは、このタイプが多かったのです。そして特に今の教育現場では、Sbに目を向ける余裕が先生たちにはありません。また、そもそもの自尊感情についての理解がされていないために、

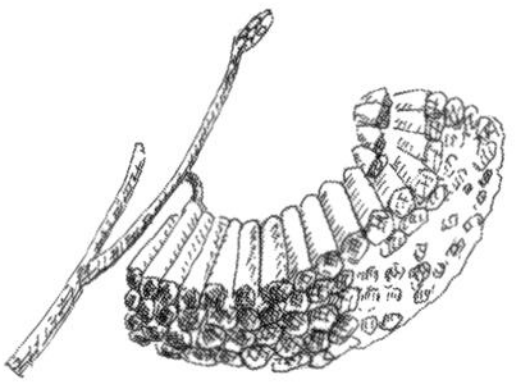

気づかれることもないのです。
そこへ「もっと頑張れ」「もっとやれるはず」と大人がほめすぎると、その圧力で破裂してしまう可能性があります。そうなると、もう取り返しがつきません。
見かけの真面目さや成績の良さに惑わされず、特にこうしたタイプの子どもを発見し、注意深く見守っていく必要があると私は考えています。

自尊感情を測定する

SOBA-SETの開発

自尊感情のタイプを正しく見極めるには、自尊感情を正しく測定できる尺度が必要です。前述した自尊感情の4つのタイプも、実際に多くの測定の結果、わかってきたことです。

よく、子どもの自尊感情に関するアンケート調査には、「私は価値のある人間である」という質問項目が示され、回答を求めるものがあります。しかし、人の自尊感情は一つの質問で測れるほど単純なものではありません。自尊感情は多面的な要素で構成された抽象的な概念であり、極端にいえば無数の視点から評価されるべきものです。

ただし、実際の調査で50～100もの質問に答えさせることは難しく、現実的ではありません。そこで私は大学の学生や、協力校の小学生を対象に調査を重ねながら、社会的自尊感情と基本的自尊感情を測定する尺度の開発を行いました。

それが「社会的基本的自尊感情尺度」であり、英語のSocial & Basic Self

Esteem Test の頭文字をとって、通称 SOBA-SET（そばセット）と呼んでいます。SOBA-SET は、社会的自尊感情を測る6項目と基本的自尊感情を測る6項目、そして回答の信頼度を見るために加えた6項目の全18項目で構成されています（43頁）。

「自然は大切だと思う」「うそをつくことはいけないことだ」など、誰もが理解でき、多くの人が「はい」と答える項目を混ぜておくことで、問題文を理解できなかったり、わざと回答をゆがめたりする回答者を峻別し、集計から除外することができます。

SOBA-SET は、約2年の歳月と1200名の大学生・小学生の協力のもと作成し、基準得点の算出などの標準化を行いました。「SOBA-SETプロフィール」（42頁）は、そうした結果をもとに基準をわかりやすく示したものです。

実際にいくつかの学校で調査を進めたところ、興味深い結果も出ています。比較的学力の高い生徒が集まる中高一貫校の中等部（A校）と一般的な公立中学校（B校）の調査結果を比較したところ、A校の生徒ほどSbタイプおよ

SOBA-SET プロフィール

【計算の方法】 社会的自尊感情の得点：1,3,6,7,12,15 の点数をたした数（　　）
基本的自尊感情の得点：4,9,10,13,16,18 の点数をたした数（　　）
回答の信頼度の得点：2,5,8,11,14,17 の点数をたした数（　　）

【記入の方法】 社会的自尊感情得点を「山型」の当てはまるところまで塗りつぶす。
基本的自尊感情得点を「箱型」の当てはまるところまで塗りつぶす。

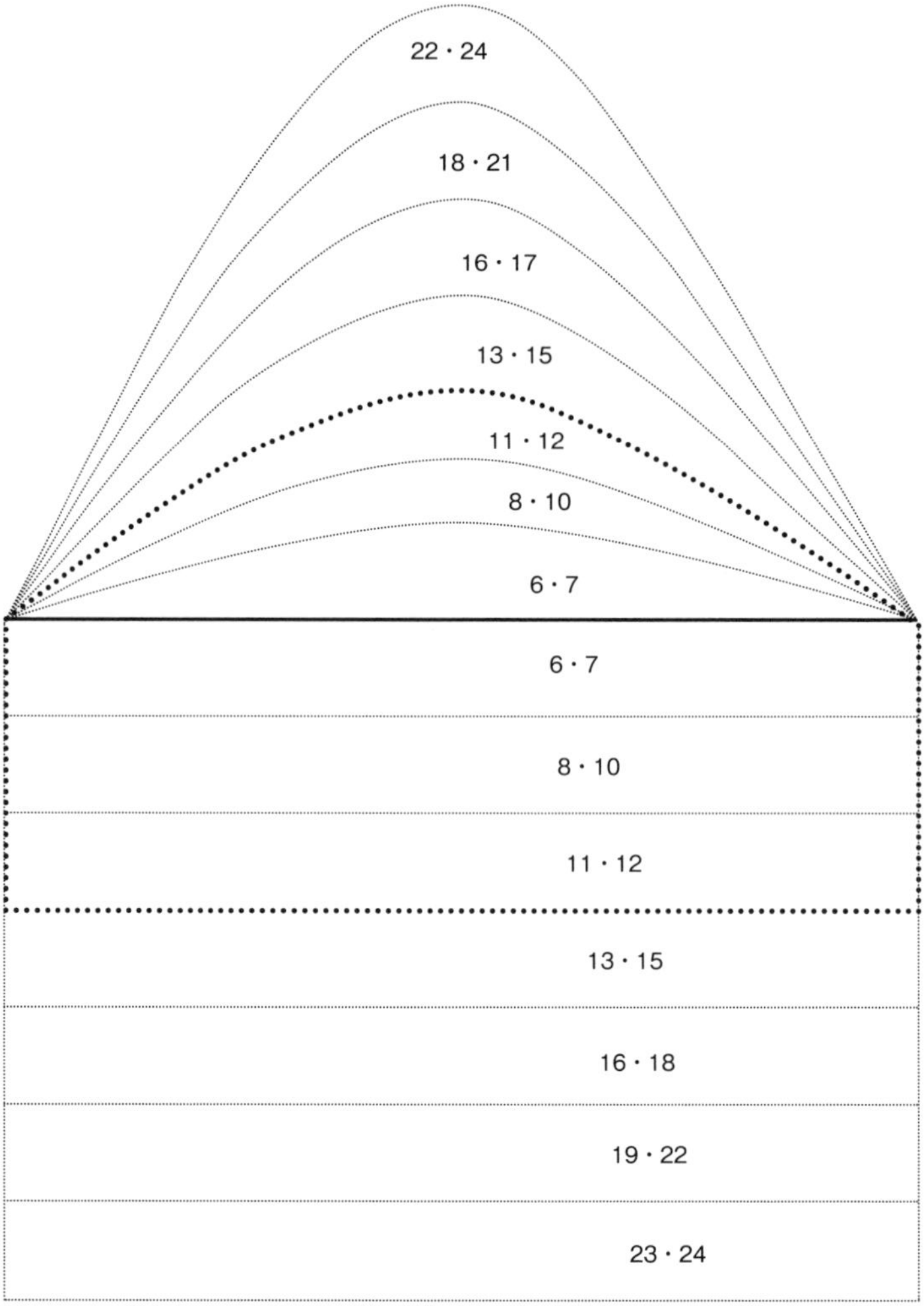

社会的基本的自尊感情尺度（SOBA-SET）

氏名＿＿＿＿＿＿＿＿＿＿＿＿＿＿＿＿＿　性別（ 男子 ・ 女子 ）

学年（＿＿）年生　年齢（＿＿）歳

■次の文章を読んで、自分の気持ちに一番ぴったりする答えのところに〇をつけてください。

	とても そうおもう	そう おもう	そう おもわない	ぜんぜん そう おもわない
1 ほとんどの友だちに、好かれていると思います。	4	3	2	1
2 自然は大切だと思います。	4	3	2	1
3 運動は得意なほうだと思います。	4	3	2	1
4 自分は生きていていいのだ、と思います。	4	3	2	1
5 うそをつくことは、いけないことだと思います。	4	3	2	1
6 ほかの人より、頭が悪いと思います。	1	2	3	4
7 ほかの人より、運動がへただと思います。	1	2	3	4
8 悪いときには、あやまるべきだと思います。	4	3	2	1
9 なにかで失敗したとき、自分はだめだなと思います。	1	2	3	4
10 自分はこのままではいけない、と思います。	1	2	3	4
11 きまりは守るべきだと思います。	4	3	2	1
12 友だちが少ないと思います。	1	2	3	4
13 自分には、良いところも悪いところもあると思います。	4	3	2	1
14 しつけは大切だと思います。	4	3	2	1
15 ほかの人より、勉強がよくできると思います。	4	3	2	1
16 ときどき、自分はだめだなと思います。	1	2	3	4
17 健康は大切だと思います。	4	3	2	1
18 生まれてきてよかったと思います。	4	3	2	1

※実施に際しては、回答欄の１～４の数字は消してください。

びsbタイプの子が多いという心配なデータが得られるなどもしています。調査結果が出た時には当該校の先生方もショックを受けておられましたが、今後も継続的に調査を行い、指導の改善に役立ててもらえればと考えています。

「腑に落ちる」概念モデルができるまで

自尊感情という概念は、1890年に心理学の舞台に登場してから、120年以上にわたって多くの研究者によって議論が重ねられてきました。そして、いまだ議論は継続されています。

私が自尊感情の研究を始める前から、ジェームズによる公式だけでは、自尊感情について表現しきれないということがうすうす知られるようになっていました。例えば、自尊感情といっても「安定的な自尊感情と不安定な自尊感情がある」という考え方をされる方もいましたし、「健全な自尊感情と不健全な自尊感情」という言い方をされる方もいました。

私は、現場の先生たちのところに何度も足を運んで、そうした考えも紹介しながら理解を深めていきました。数年間、議論を重ねながら、さらに一歩進んだ自尊感情について概念を整理していったのです。そうして、現場の教師たちが、「やっとわかった！」と納得してくださったのが、基本的自尊感情と社会的自尊感情という概念モデルでした。

私が辿り着いたこの二つの自尊感情領域の概念ですが、歴史の中に埋もれていくのか、それとも多くの賛同を得て市民権を得るようになるのか、結論が出るまでにはもう少し時間が必要かもしれません。

ただし、この概念を提示して以降、世の中の反応を見る限り、少なくとも教育現場においては納得できる概念だとして受け止められているように思います。

ある教育関係のシンポジウムにパネリストとして参加して、自尊感情について話した時のことです。会場からの質問が私の発表の「自尊感情」に集中してしまい、司会者が他の登壇者のテーマへ話を無理矢理に振り分ける必要が生じたほどでした。それだけ、子どもの自尊感情について問題意識が高いこと、そして、既存の自尊感情モデルでは説明できない、対応できないと感じている方が多いということです。

社会的自尊感情と基本的自尊感情の二つの概念モデルは、机上の空論として私だけで考えたものではなく、多くの小学校、中学校そして高等学校の教師たちとの議論や、若い学生たちとの議論の中から生まれてきたという成り立ちがあります。SOBA-SETの開発と標準化においても、現実の子どもの姿に合わせてデータを整理してきた経緯もあります。

子どもを間近で見て、肌で疑問を抱いている先生たちといっしょにつくり上げていったものですから、特に教育現場の人には「腑に落ちる」と言っていただけることが多いのでしょう。

2

共有体験が自尊感情を育む

共有体験が自尊感情を育む

人間の自尊感情には、社会的自尊感情と基本的自尊感情という二つの領域があること、そして中でも、自尊感情の土台として心を支える基本的自尊感情の育ちがより重要であることはおわかりいただけたかと思います。

では、この自尊感情はどのようにして育まれていくのでしょうか。

二つの領域のバランスが大切

自尊感情を育てることを念頭に置いて教育をしたら、「自己中心的で自分勝手な子どもになってしまうのではないか」「逆に自分はこのままで良いと思い、努力や勉強をしない子どもになってしまうのではないか」などと心配する声が聞かれることがあります。

先のアメリカの失敗例を見れば、確かにそのような危惧の念を抱く気持ちもわかります。しかしこうした意見は、二つある自尊感情の一方だけに注目したことから生じている誤解です。

自尊感情は、基本的自尊感情と社会的自尊感情のバランスがとれていることが大切です。基本的自尊感情は「強くする」ものであり、社会的自尊感情は「高める」ものであるといってもよいかもしれません。

基本的自尊感情は地道な作業によってじっくりと育まれ形成されます。社会的自尊感情は、挑戦と競争と努力によって高められます。この二つの領域をバランス良く育てることが重要なのです。

その中でも基本的自尊感情は、仮に競争に勝てず、あるいは失敗を繰り返したとしても、自身の存在の意味を問うことなく、確固たるものとして自分を支えてくれます。「自分は生きていていいのだ」という、揺らぐことのない根本的な確信を育むことが、基本的自尊感情の形成につながるのです。

社会的自尊感情は社会的プロセスによって高められる

社会的自尊感情については、先に説明したとおり、そして、ジェームズの公式で示されているとおり、要求と成功の関係によって高められます。要求に応えることで達成感を得たり、その成功についてまわりから賞賛されたり、さらに次の成功を求めて挑戦したり、それだけの能力に見合った役割を与えられたりして、ふくらんでいきます。

このことは、教育現場などですでに取り組まれているように、社会的なプロセスを経て、成長が促される領域でもあります。

基本的自尊感情は共有体験によって育まれる

では、基本的自尊感情はどのようにして育まれていくのでしょうか。

その鍵として挙げたいのが、「共有体験」です。共有体験とは、信頼できる他者と五感を通じた体験をともにし、その時その場でともに感じ合うこと。すなわち「体験の共有」と「感情の共有」のことです。

幼い時に保護者といっしょに道端に咲くタンポポを見て「かわいいね」と微笑み合うこと、おもちゃで遊んで「楽しいね」と笑い合うことなど、体験と感情の共有を通して、子どもは「かわいい」「楽しい」と感じる自分が間違っていないことや、そう感じる自分を保護者に受け止めてもらえていることを実感します。

基本的自尊感情を育むには、日常の中のなにげない共有体験を地道に重ねることが必要です。例えるなら、糊をしみ込ませた和紙を積み重ねていくような作業だといえます。日々の生活の中で、身近な信頼できる人と体験を共有し、いっしょに喜んだり泣いたり、笑ったり、苦しんだりという感情も共有できた瞬間、一枚の和紙が重なっていくのです。

糊のしみ込んだ和紙を積み重ねると、時間の経過とともに下の方から糊が乾いて、和紙と和紙がしっかり固定され、次第に厚みを増していきます。くっついた和紙は二度と剥がれず、そのかたちを保つでしょう。

このように基本的自尊感情は、一度出来上がれば簡単には崩れないものとなっていくのです。

感情はどこで生まれるか

人間に、視覚、嗅覚、聴覚、味覚、触覚など五感に代表される感覚器官があることはご存じだと思います。しかしおもしろいことに、人間はこれだけ複雑に刺激を受容できる感覚器官を持っているのに、感情の器官を持っていません。喜怒哀楽以外にも様々な感情を持つのに、専用の器官がないのです。

では、この感情を司る部分はどこにあるのでしょうか。これはつまり「心はどこにあるのか」という問いでもあります。

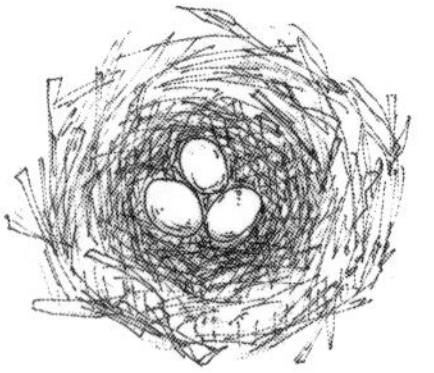

大学の授業などで、「心はどこにありますか」と学生に聞くと、脳を指さす人がいたり、胸に手を当てたりする人がいます。確かに情報を処理するのは脳ですから、私たちの感情を生んでいるのは脳かもしれません。

しかし、感情というのは人間がたった一人で引き起こすことはできないものです。他者がいるから感情というものが生まれます。

人は、生まれてから外界からのあらゆる刺激を受けて成長していきます。養育者やまわりの人間との出来事を通して「楽しい」「うれしい」「悲しい」という感情が芽生え、学習していきます。毎回、隣にいる人との間で起こった体験を共有しながら、感情を共有しながら、自分の感情がどういうものかをつかんでいくのです。

感情は、他者がいるからこそ生まれる。つまり感情を司る心は、その人の中にあるのではなく、人と人との間にある、ともいえるのです。主観と主観の間に一つの心が存在して充たされるという「間主観性」「相互主体性」などといった言葉で説明されることがあります（鯨岡峻）。心というのは私の心でもあり、あなたの心でもある、ということです。

共有体験が不足している

あらゆる日常の活動が、五感を総動員して行われていることは間違いありません。五感を通じた体験は、日々誰もがしていることでしょう。

そこで引き起こされる感情を、他者と共有する体験を通じて、人は「自分の感じ方はこれでいいんだ」という確認をします。そして、この確認を継続的に続ける中で、自分自身の連続性・統合性が形成されていきます。

しかし、現代の生活の中では、誰かといっしょに体験することが少なくなっているということに、私たちは気づかなければなりません。言い換えれば、共有化ができていないのです。その結果、自分自身の感情と行動が統合されずに他者とのチグハグな関わりが表面化してしまうのです。とりわけ、身近な信頼できる大人との間で、幼い頃から繰り返し行われるべき「体験の共有」と「感情の共有」が不足していることが問題なのです。

共視の体験

子どもの基本的自尊感情の形成には、幼い頃から最も身近で親密な関係にある保護者の果たす役割が極めて大きいのです。共有体験のことを考える時、私はいつも誰もが知っているあの懐かしい童謡の一節を思い浮かべます。

「夕焼小焼の赤とんぼ　負われて見たのはいつの日か」

こうした体験を、精神分析学者の北山修は「共視」と呼びました。彼は、江戸時代の浮世絵に、若い母親と幼い子どもが並んで何かを見つめる図柄が無数にあることを発見し、それを整理・分析したのです。すると、二人が何らかの対象物を見ながら子どもが指さしをして、母親がそれに名づけをするというやりとりの中で、二人の間には深い感情が交流していることがわかりました。こうした、並ぶ関係による二人の心の交流こそが、他者との共有の原型になっていると考えることができます。

原象徴的三角形

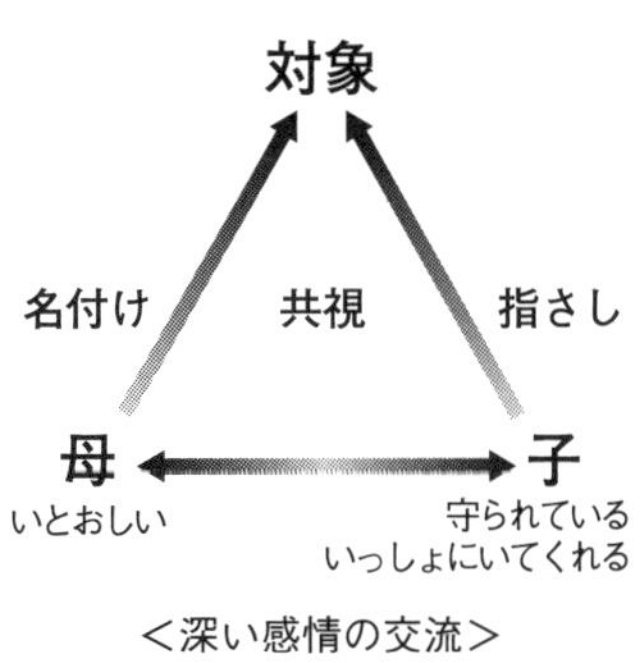

喜多川歌麿「遊君鏡八契　水鏡」

浮世絵の母子像では、子どもが手水鉢の水面に映った自分たちの姿を指さし、母もともにそれを見ながら、「○○ちゃんが映っているわね」などと語っていることでしょう。こうした行為（体験の共有）の中では、二人の間に感情の交流（感情の共有）が起こります。そして、私たちの原体験（幼い頃の懐かしいよい体験）として、心の奥底に大切にしまわれます。この図の、母と子どもと対象によって形成される三角形を、北山は「原象徴的三角形」と名づけました（北山修編『共視論―母子像の心理学』２００５）。

いつでもどこでも自分は自分

家族で夕食をともにすることも共有体験です。ケンカをして仲直りすることも、共有体験です。いっしょにテレビドラマを見て泣いたり笑ったりすることもそうです。共有体験といっても、その程度や形態などは一つひとつ、一回一回異なります。

大好きなおじいちゃんを亡くして、家族とともに悲しみにくれて涙を流すという共有体験もあります。友達と遊んで騒いだりすることや、学校生活において仲間と何かに取り組んだ時に感じる苦労や喜びといった共有体験もあるでしょう。

こうした「共有」の体験を積み重ねることで、自己の一貫性が形成されます。自分という存在の、時間的一貫性（いつでも）と場面的一貫性（どこでも）です。つまり「いつでもどこでも自分は自分である」という確信が持てるようになるのです。

もちろん、誰かといっしょに同じ経験をしていても、違った感じ方をすることもあります。誰とでも、いつでも、どんな場合でも、常に同じように感じることはできません。そうした時に感じる「共感不全」という体験も貴重です。どんな条件がそろっていれば感情を共有できるのか、という実感を持つことが大切なのです。

大人になっても自尊感情は育つか

よく「高校生の息子がいるのだけれど、基本的自尊感情を育むには遅いですか?」などと聞かれることがあります。私は、高校生であっても、大学生であっても、大人であっても自尊感情は育まれるものだと思っています。

共有体験をすることで、子どもの心にだけ和紙が貼られていくわけではありません。子どもの心に一枚の和紙が載った瞬間、共有体験をした大人の心にも同じように一枚の和紙が載るはずです。

子どもとの関わりに共有体験があるだけでなく、大人同士の関わりにも共有体験はあります。人は生きていく中で様々な人と関わっていきます。そうした日常の営みの中には、常に共有体験があり、その度に和紙が重なっていきます。

年をとっていくと、それまでは勝ちたい、挑戦したいとばかり思っていた気持ちが、競争に意味を感じなくなったり、負けたことにこだわらなくなったり、自分というものについて社会の評価よりも自分自身の納得を重視するようになったりする人もいます。これは単純に年をとったから、ということだけではなく、人としての根本である基本的自尊感情がどっしりと存在するようになっているからだと思います。

育て直しに見る共有体験

児童養護施設などでは、中学生ほどの年齢であっても、毎晩大人が添い寝して「トントン」としてあげなければ眠れないという子どもがいます。幼い頃に、本来であれば母親や父親からしてもらうことを経験していない子どもたちです。抱きしめてもらったり、撫でてもらったり、目を合わせてもらったりしないままに成長すると、後で埋めていくしかありません。育て直しというかたちで、児童養護施設の保育者が和紙を重ねる作業をしているわけです。

この子どもにとっては、身近な信頼できる大人によって、寝る前のひと時に得られる貴重な共有体験です。しかし、保育者自身も、育て直しをやりながらも心安らかになっているはずです。赤ちゃんを寝かしつけているうちに、親のほうが先に寝てしまった、というのはよくある話です。一方的な添い寝であれば、電気毛布で代用したり、ぬいぐるみを抱かせておいたりすればいいはずです。生の人間と添い寝をしながら、子どもだけでなく、大人の心の中にも和紙が重なっていっているのです。

共有体験は広がる

例えば、共有体験に恵まれず、基本的自尊感情の低い親がいたとします。そういう共有体験の経験が乏しい人に、「わが子と共有体験をしなさい」と言っても伝わりません。共有体験をしたことがなければ、その意味はわからず実感もないために、どうしたらいいかわからないのです。

でも、例えばその子どもが、保育園などで信頼する保育者や仲間と共有体験をたくさん経験したとします。そして、共有体験の心地良さを知って家に帰ったとしたら、その子どもは家庭でもそれを再現したいと思い、家族にそのような働きかけをするでしょう。その小さな試みから共有体験は広がり、子どもに教えられながら親が少しずつ変わっていくということもあるのです。

このことは、教師や保育者にもあてはまることかもしれません。毎年4月になると新しい子どもが入学・入園してきますが、その一人ひとりがまったく違う存在です。ゆえに、教師たちはその一人ひとりと、違う体験と感情を共有することができます。そして、違う子どもたちがたくさん集まったクラ

スで何かに取り組んで一つになった時、子どもたちはもちろん、教師も「よかった」と実感するでしょう。共有体験を重ねる度に、子どもたちだけでなく、教師や保育者の基本的自尊感情にも和紙が一枚重なっているのです。

親も体験する、おじいちゃんやおばあちゃんも体験する、先生も体験する、近所の人も体験する…。いろんな人がいろんな子どもと関わっていけば、それだけ社会全体に共有体験が積み上がります。しかも十人十色、いろいろな色のいろいろな素材の和紙が、子どもや大人の心にたくさん貼り重ねられることになります。それが、強固なコミュニティの形成につながるのです。

基本的自尊感情を育む基盤

基本的自尊感情という、その人を根っこから支える感情は、ある土台の上に積み上がっていきます。基本的自尊感情を育むためには、まずその基盤がなくてはなりません。

多くは両親から、場合によっては両親の代わりになる養育者から育てられる中で「自分はこの世に出てきてよかった」「自分は愛されている」という安心が生まれ、それが基盤を形成します。

その上に、少しずつ、少しずつ「自分は大切な存在なんだ」「自分は生きていていいんだ」という基本的自尊感情が育まれていくのです。

この基盤を形成するためには何が必要でしょうか。私は「基本的信頼の獲得」と「無条件の愛＋無条件の禁止」の二つが、とても重要だと考えています。

基本的信頼の獲得

基本的自尊感情の基盤には、基本的信頼の獲得が必要です。これは、エリクソンが心理社会的発達理論で示したもので、人生における最初の発達課題として広く知られています。

それまでのフロイトやピアジェの発達理論が青年期までの考察で終わっていたのに対して、エリクソンは人の一生を発達の視点から考察しました。

彼は人間の生涯を8つの段階に分けて、それぞれの段階における発達課題を示しましたが、その最初の段階が「信頼」対「不信」の葛藤の克服だと言いました。これが基本的信頼の獲得と呼ばれるものです。

人生の最初の段階において、他者（親もしくは親に代わる者）との間に「信頼」、つまり基本的信頼を確認できた時に、次の発達段階へと進むことができるというのが、エリクソンの考え方です。

エリクソンの言う各発達段階は、危機の段階でもあります。つまり第一段階で、基本的信頼を獲得できるのか、不信感を抱いて終わるかの、極めて重大な危機を迎えるというのです。

ある意味で、どちらに転ぶかわからない危機的な状況の中で、親あるいはそれに代わる養育者との関係を保ちながら、人生の最初の時期を過ごしていきます。そして、不信感の危機を克服して基本的信頼を獲得できた時、子どもは「この人は信頼に足る人だ」「この世界は安心できるところだ」「この世の中に出てきて間違っていなかった」という思いに満たされ、希望を持って成長の次の段階に進んでいくことができるのです。

具体的には、乳児期の子育ての営みにおける親と関わりの中で、身体全体で感じ取っていくことになります。親は、様々なかたちで子どもを慈しみます。生まれて間もなく、まだ笑うこともできない頃から目を合わせて、笑いかけ、話しかけ、抱きしめます。お腹が空いて泣けばすぐにお乳をもらえます。ウンチをして気持ち悪い時は、すぐに気持ち良い状態に変えてくれます。常に身体に触れられ、安心の状態に置いてもらえるのです。

自分のいのちを心の底から大切だと思える自尊感情と、自分の痛みを他者に置き換えられる強い想像力の基盤は、ぬくもりのあるスキンシップを通して、乳児期からつくられていくのです。

愛を共有する親子

乳児期の育ちにおいては、「愛着の形成」や「母子相互作用」などを通した情動の共有体験も大切になります。他者との情動の共有体験を通じて、とりわけ肯定的な情動の共有を重ねることで、自分の感じ方は間違っていない、自分はこれでいいのだ、自分は生きていていいのだという、基本的自尊感情の基礎がつくられていくのだと考えられます。

この時の親子は「愛を共有している」といえるのではないでしょうか。抱きしめたり、頬ずりしたりするのは親の一方的な愛情表現であって、愛し合っている行為とはいえないという見方もありますが、決して一方通行の行為ではないでしょう。親や身近な大人に頬ずりをされた乳幼児は、愛されていることを身体で感じ取りますが、同時に無防備で柔らかな頬を与えることで親を愛しています。極めて本能的な愛の交換です。

この段階で重要なのは、見つめ合う、向き合う関係です。視線の交差があって、「自分とこの人」という関係をしっかりとつくり上げることが大切になります。大切なのは、二者関係がしっかりとかたちづくられることです。

無条件の愛、無条件の禁止

基本的自尊感情を支える基盤を形成するには、基本的信頼の獲得に加えて、無条件の愛＋無条件の禁止があります。ここでいう無条件とは、どういうことを指すのでしょうか。

子どもは無条件の愛を求めます。それに対して、母親はもちろん、父親も、当然無条件に子どもを愛しています。子どもの誕生を心待ちにし、生まれ出た瞬間に喜び、心から感動した親は、見返りなど考えず、無条件に愛し育て、ともに暮らします。少なくとも親自身は、そう思って生活しているはずです。

親が子どもを無条件に愛することはごく当然で、このことについてあれこれ議論するのは無用だ、という意見があるかもしれません。しかし、実情はそう単純ではないのです。

愛は伝わっているか

まず、愛というのは愛しているかどうかが大切なのではない、ということを知る必要があります。愛されていると実感できるかどうかが問題なのです。愛というのは、子どもがそれを実感できなければ、親の独りよがりであり、一方的な押しつけにすぎません。

言い換えれば、与える側の問題ではなく、受け取る側がどう捉えるか、なのです。たとえ憎しみと悔しさの思いに駆られて相手の額を叩いたとしても、叩かれた側はそこから愛を感じ取るかもしれません。またその逆もあって、愛を込めて抱きしめても、相手はその時強い嫌悪の情を抱くかもしれません。人と人との心の通い合いは難しいものです。

親というのは、これほど愛して、何でも思いどおりにさせているのに「これ以上何を望むのか」と思っています。親は無条件に愛しているのに、なぜ子どもは無条件の愛を受け取ってくれないのでしょうか。

すでに愛は与えられているのですから、問題はただ単に子どもが実感できない点にあるというべきです。実感できなければ、愛などというかたちのないものには何の意味もありません。では、どうすれば実感してもらえるのでしょう。

愛と禁止の関係

それは無条件の愛に対する、無条件の禁止が欠けていることにあります。親が子どもに対する時、こうした無条件の禁止をどれほど示せているでしょうか。

いくら「愛」が示されても、併せて「禁止」が示されなければ、子どもは「愛」を実感することはできません。愛の効果は禁止と釣り合うだけの分量にすぎないのです。子どもの言うことをすべて受け入れて、何でも買い与え、何でも許すといった態度だけでは、子どもは愛を感じられません。むしろそれは、自分の存在を親に無視され、拒否されているとさえ感じてしまいます。

無条件の愛が与えられている時には、無条件の禁止も必要なのです。それはどういうことかというと、「ダメなものはダメ」としっかりと伝えることです。それがなぜダメなのかを説明することも必要ですが、もっと必要なのは、「問答無用」の禁止というものがこの世に存在すると教えることでもあります。

「うちの子は何でも説明すればわかる」「しっかりと納得するまで話して聞かせるようにしている」などと言ってしまうことはないでしょうか。確かに説明すればわかることもありますし、もっと言えば、この世には説得が必要なことのほうが多いかもしれません。しかし無条件の愛とは、説明できるものではないのです。「こういう理由で私はあなたを愛する」と言うなら、それは条件付きの愛と認識してください。条件付きの愛には、条件付きの禁止がセットになればよいだけです。でも子どもは、そんな愛を実感したいわけではありません。

無条件の禁止を伝える

世の中には、無条件にダメなことがあります。例えば、なぜ人を殺してはいけないのか、その疑問に正面から取り組んで子どもに説明しようとする態度は、根本的に間違っています。

なぜ人を殺してはいけないのか、それは「いかなる理由があってもいけない」という、絶対的な禁止以外あり得ません。そのことを、声を大にして、感情的に、怒りを込めて、圧倒的な強さで子どもに伝える必要があります。

子どもは無条件の愛を実感したいのです。その無条件の愛に釣り合うのは、無条件件の禁止です。「何がなんでも、ダメなものはダメ」と絶対的な禁止を伝えることができて、はじめて「理由などなくお父さん（お母さん）はあなたを愛している」というメッセージが届くのです。無条件の禁止が親から発せられた時に、子どもに無条件の愛が実感を伴って伝わり、無限の力となって子どもの内に宿ります。そして強固な基盤となって、基本的自尊感情を根本で支えることになります。

両端のあり方を知る

無条件の愛と無条件の禁止という、人間関係の両極端のあり方を知っていれば、残りの人間関係はその中間的な領域に分散していきます。つまり、適度に愛して、適度に禁止することができるようになるということです。

友達との関係でも、先生との関係でも、その他の様々な人たちとの関係でも、暮らしの中で試行錯誤しながら、時には失敗をし、時には衝突して、その範囲を身につけます。ぶつかったり転んだりしながらも、適切な距離を保ち、生活することができるようになっていくでしょう。

絶対的に愛されていることを知っていますから、根本的なところで子どもの心は安定しています。しっかりとした錨が海の底に打ち込まれていますから、海面がいくら荒れても、おかしな方向へ流されていくことはありません。子どもは大きな波を恐れるどころか、安心して楽しむことさえできます。

絶対的に禁止されることも知っていますから、どんな冒険をしても道を踏み外すことはありません。そこに向かおうとしても、足が踏み出していかないのです。多少の悪さをすることはあっても、無条件の禁止が身体中にしみ込んでいる子どもは、本当に悪いことはできないのです。

無条件の禁止と無条件の愛を知った子どもは、人間として間違ったことはしないはずです。

このように、基本的信頼の獲得と無条件の愛＋無条件の禁止によって、基本的自尊感情の基盤がしっかりとつくられた時に、いよいよその基盤の上に基本的自尊感情が少しずつ育み重ねられていくことになります。その積み重ねは、先に述べたように共有体験（体験の共有、感情の共有）によってなされることになるのです。

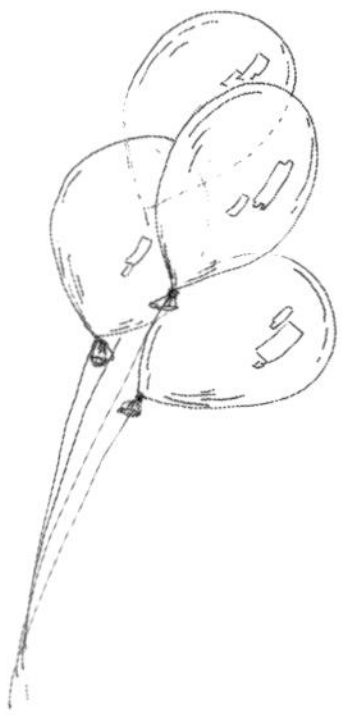

自尊感情が育まれるプロセス

共有体験と内的プロセス

ここまで、自尊感情について多くのことを学んできました。

まず、自尊感情には社会的自尊感情と基本的自尊感情という二つの領域があること。そして、社会的自尊感情は要求と成功の関係によって育まれ、基本的自尊感情は共有体験（体験の共有と感情の共有）によって育まれるということです。

さらに、自尊感情の領域のうち最も重要なのは基本的自尊感情で、それが育つための基盤は、基本的信頼感と無条件の愛＋無条件の禁止によってつくられることも説明しました。

しかし、自尊感情と関連のある概念としてよく耳にするものには、自己肯定感をはじめ、自己効力感、自己有用感、自己有能感、自己受容感など、様々なものがあります。特に、教育現場では自己肯定感と自尊感情がほぼ同じ意味として使用されていることがあるようです。

ここで概念の混乱を避け、それらの相互関係を明確にするために、図を見ながら改めて理解していきましょう。

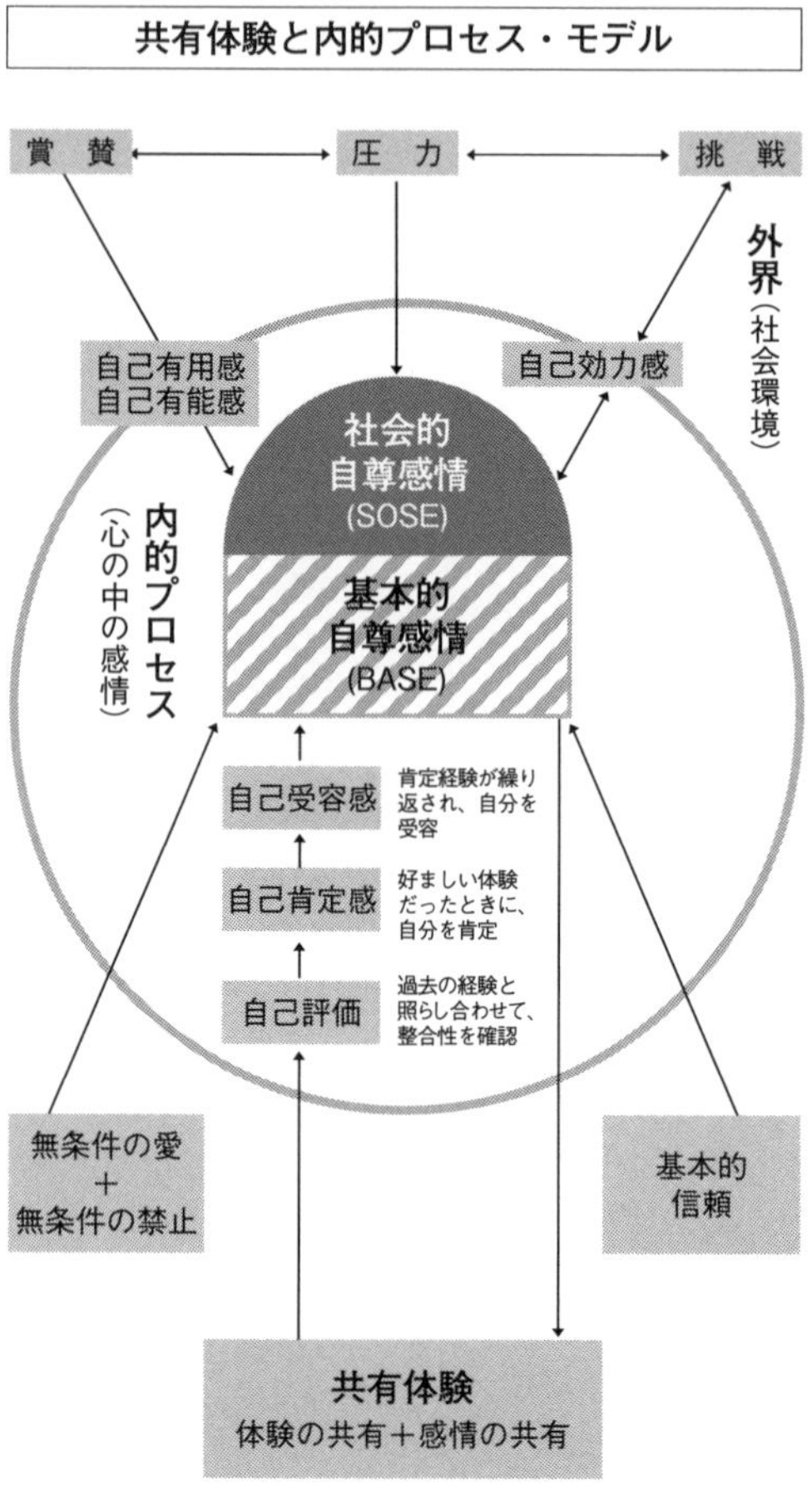

大きな円の内側が、心の中の様々な感情の関係です。外側は外界（社会環境）で、人間関係や社会的な関係を表しています。賞賛、圧力、挑戦、無条件の

愛＋無条件の禁止、基本的信頼、そして共有体験などの概念です。

社会的自尊感情のプロセス

まず、図の上から見ていきましょう。

これらは社会的自尊感情に関係する領域です。すでに説明したように、社会的自尊感情は、外界からの刺激によって強く影響を受けます。賞賛を得ることによって、自己有用感や自己有能感が育まれ、社会的自尊感情がふくらみます。反対に圧力、つまり社会的なストレスを受けることで、社会的自尊感情はへこみます。しかし、再び様々な挑戦を試み、そこで何らかの成功を収めれば、その経験が自己効力感を高め、社会的自尊感情をもう一度育み支えます。社会的自尊感情の成長のプロセスは、このサイクルの繰り返しです。

社会的自尊感情を取り巻く状況と作用のメカニズムは、このように単純なのです。

基本的自尊感情のプロセス

一方で、基本的自尊感情を支えるメカニズムは少し込み入っています。図の下の方を見てみましょう。

これらは主に基本的自尊感情に影響を与える領域です。基本的自尊感情の基盤となる部分に影響するのは、まずは基本的信頼です。

この世界に生まれて、最初に出会う養育者（多くは母親）との関係において、温かい良い体験を繰り返すことで、それは得られます。「生まれてきて良かったのだ」「他者やこの世は信頼に足るものだ」という基本的な信頼が育まれ、それが基本的自尊感情の土台をつくり、その後も全体を支えます。

さらに成長していく中で、養育者たち（多くは両親）から無条件の愛と無条件の禁止を与えられることで、「自分は絶対的に愛されている」「自分のいのちは何よりも大切にしなければならない」と実感していきます。

こうしてつくられた強固な土台の上に、基本的自尊感情が少しずつ積み重ねられ、育まれていくのです。

その要因こそ、図の下の中央にある共有体験です。体験の共有と感情の共有を日常の中で繰り返すことで、まるで和紙を重ねていくように、少しずつ少しずつ、基本的自尊感情が育まれます。

厳密には、共有体験が基本的自尊感情を直接的に育むわけではありません。いろいろな共有体験に触れる時、それが自分にとってどんな意味を持っているのかを、過去の経験と照らし合わせて、「自己評価」をします。とりわけ「自分の心の中に残っている良い体験に比べて、今回の経験はどうだったのか」といった評価・判断を行うのです。こうした自己評価を経て一定のレベルに達した場合、それが好ましい体験として整理されます。そうして整理された感情が、自己肯定感です。

好ましい体験が蓄積されることで、自分を認め受容する感情＝自己受容感が育まれます。自分の体験（共有体験）を肯定することで、自分自身を肯定する感情が育まれ、自己を受容していくことにつながるのです。その結果、基本的自尊感情がしっかりと自己受容感によって支えられます。

二つの自尊感情は一体である

強化される基本的自尊感情、そして、高められる社会的自尊感情は、別々に存在しているわけではありません。あくまでも自尊感情として一体です。

例えば、学校の運動部の活動で良い成績を収めたとします。それがチームプレイによるものであれば、日頃の練習の過程や試合の場面で、当然ながらチームメイトとの共有体験がふんだんに蓄積されることでしょう。ともに苦しみ、ともに泣き叫び、そして喜ぶという過程で、感情を共有するチャンスが訪れます。

つまり、好成績を収める結果を得たことで社会的自尊感情が高められるのと同時に、多くの共有体験を繰り返すことで、基本的自尊感情も育まれるのです。

このことは、SOBA-SETによる測定結果からも、確かめられています。共有体験は基本的自尊感情と高い相関を示しましたが、社会的自尊感情とも相関し、また基本的自尊感情と社会的自尊感情も相関しているのです。

家庭での共有体験

家庭が最も適している

自尊感情、とりわけ生きるために最も重要な基本的自尊感情が育まれるためには、その基盤がしっかりと形成され、その上に共有体験（体験の共有と感情の共有）が積み重ねられる必要があります。

具体的には、乳幼児期からの身近で親密な関係の中で、つまり親や親に代わる養育者、兄弟や姉妹などの家族との関係の中で育まれるものです。それは本当に地道な行為の積み重ねであり、日常生活の中で共有体験を繰り返していくしかありません。

体験を共有すること、その体験を通して喜怒哀楽といった感情を共有することが必要なのですから、そのような機会を最も得られるチャンスがあるのはいつどこなのかというと、家庭生活ということになります。

もちろん、「放課後、友達と遊びます」「学校の先生と語ります」「近所の人と交流します」といったことも共有体験の一つですが、感情のやりとりを日常的に行うことを考えると、家庭生活における共有体験が、最も重要になってきます。

共有体験が奪われる現代の生活

本来、基本的自尊感情を育む共有体験は、普段の生活の中に普通に存在しているはずです。しかし、今の子どもたちをめぐる環境においては、その機会は確実に少なくなっています。

父親が帰ってくる時間が遅い、母親も家事や仕事に忙しい、子どもも塾や習い事で忙しいというすれ違いの現代生活の中では、「いっしょにいる」ということすら難しくなっています。ましてや三世代同居がなくなり、核家族が基本となって、兄弟や姉妹も少なくなり、皆が個室で隔離されたような生活をしている中では、体験を共有したり、感情を共有したりする機会が少ないのは当たり前でしょう。

家族そろってご飯を食べることがめったにない、という家庭も増えています。おそらくは、献立の簡素化で食材の多様性もなくなり、それについて思

いをやりとりする機会も減っているのでしょう。家族がバラバラのものを食べるという、個食の実態もあるはずです。このように、食事一つとっても、数多くの体験や感情を共有するチャンスが奪われてしまっているといえます。
基本的自尊感情を育む機会は、確実に失われつつあるのです。

それでも家族の営みが大事

それでも、人が育つために「いっしょにいる」ことができる時間と場所を与えてくれるのが家族です。いっしょの時間を過ごす、という物理的なチャンスが最もあるからです。ゆえに、意図的に、共有体験につながる関わり方をしようという姿勢が求められます。

基本的自尊感情を育む共有体験は、あくまでも、日々の生活を通して重ねていくことが重要です。人が何かをいっしょに行う時には、必ず感情の交流が発生します。特別な心のコミュニケーションをするために力む必要はありません。

体験の共有と感情の共有の視点を持って、日々の生活を見つめ直すことから始めてはいかがでしょうか。

いっしょにご飯を食べる

ご飯をいっしょに食べるというのは、人間として、社会的動物として、あるいは生き物として、最も根本的な共有体験です。

味覚は五感のうちでも、一番大切な感覚です。生まれたばかりの乳児は、母親の乳房から栄養を取り入れて、いのちの基礎をつくります。母乳の味をしっかりと覚えて「これが生きていく上で一番大切な味なのだ」ということを一生忘れません。味覚は、この世に生まれ出た人間が最初に手にする、最も確かな外界とのコミュニケーション手段なのです。

その味覚も、味覚だけでは独立して確かな感覚とはなりません。人が食べる時、視覚、聴覚、嗅覚、触覚が伴って、はじめて確かな感覚としての力が発揮されます。つまり、食事は五感が総動員される体験なのです。空腹を感じて、食べることで満腹を感じる。このように動物的な感覚を他者と共有できることには、大きな意味があります。

人は、おいしい食事の前では、必ず語り合います。子どもの目の前で、父親や母親との会話が飛び交うことになります。「おいしいね」あるいは「ちょっと今日のお肉は今一つだね」と、食事を囲みながら、思いを共有する機会を得ることができるのです。それは、大切な共有体験になります。

そして、「食べる」の周辺には、必ず「いっしょに買い物に行く」「いっしょに何を食べるか考える」「いっしょに料理をする」、「いっしょに片付ける」という、前後の「いっしょに」のプロセスもくっついてきます。特に夕食であれば、その後もゆっくりと過ごすことができますので、食後に「いっしょにお茶を飲む」「いっしょにテレビを見る」ということにもつながりやすいのです。

「食べる」の周辺を、できるかぎり「いっしょにする」という条件整備をするだけでも大きく違ってきます。そういう意味では、食事中にテレビを見たり、別々のメニューを別々の時間に、別々の部屋で食べたりすることは、共有体験を排除する環境ともいえるでしょう。

家族でご飯をいっしょに食べるという、最も大切なことをそっちのけで、急いで子どもを塾に向かわせるために車の中でおにぎりを食べさせる…そういう生活を繰り返さないようにしてほしいものです。

ただし共有体験が大事だからといって、お母さんが毎日辛い思いをしてお弁当作りを頑張ったり、何皿も料理を作ったりすることが必要なわけではありません。たとえコンビニエンスストアで買ったお弁当であっても、親子二人で「これ、ちょっと冷たいから温めたいね」などと言いながらつつき合ってもいいのです。

いっしょに生き物を育てる

「想像力を育む」とは、どういうことでしょうか。「育む」という言葉の意味を考えれば、すぐにわかることですが、芽は子どもの中にあります。新たに何かを教えることではありません。

生き物を育てることは、いのちの大切さを教えるために役立つといわれます。特に犬や猫などの動物は、抱きしめたりじゃれ合ったりする中で、身体全体で生き物の存在を確かめることができます。やわらかさや温かさ、においなどを実感できる、他では得がたい体験です。

生き物から学べることで、もう一つ大切なことがあります。それは生き物の気持ちを理解することです。動物は言葉を話しませんから、あくまでも何を考えているかは想像にすぎません。でもいっしょに想像することが大切なのです。

生き物の様子を見て、「気持ちよさそう」「うれしそう」、時には「苦しそう」「悲しそう」「痛そう」と想像するのです。本当のところはわかりませんが、想像する、共感することが大切なのです。

うれしさや喜び、悲しさや苦しさを想像する力は、もともと子どもの中に眠っています。ただ、それをうれしさや喜びとして理解するためには、親や大人が育んであげる必要があるのです。

方法は簡単です。子どもといっしょに生き物の様子を見て、その気持ちを言葉にすること。シッポを振っていたら「あら、楽しそうね」、手足を動かしていたら「気持ち良さそうだわ」と言葉にして、親自身も手足を伸ばしてみるのです。きっと横で子どもも、かわいい手足を伸ばすでしょう。真ん中にある生き物の姿、子ども、親でつくられた三角形で、気持ちが通い合い、感情が共有されます。

生きている動物や植物は、いのちの誕生から死までをありありと見せてくれます。目の前の生き物が死んだ時、どのような対応をするかによって、共有体験の中身も変わってきます。

さっきまで動いていたその生き物は、冷たく硬く小さくなります。その小さな亡がらを、大切に手のひらにのせて、きれいな紙で包んで庭の片隅に埋葬する。親と子どもは、相談したり語り合ったりしながら、そんな細々としたことを淡々と進めて、少しずつお別れの作業は進みます。

大切に埋葬したこと、お墓の前で親といっしょに手を合わせたことは、忘れられない記憶として子どもの中に残るでしょう。

いっしょに絵本・本に親しむ

本を読む子どもに育ってほしい。本好きになってほしい。親はそんな願いを持っています。でも、なかなか子どもは本を読んでくれません。ではどうしたらよいのでしょうか。その第一歩は、読まないなら読んで聞かせることです。

本を読むことの良さは、文字だけの情報から、ありありと具体的なイメージを描き出すことができるようになる点です。文字や言葉から具体的なビジョンが描けることは、人間にとって大切な認知力や理解力、あるいは構成力の基本的な力となります。言葉からイメージをふくらませ、子どもが独自の想像の世界で羽ばたいてくれます。

言葉を聞いて、自分なりのイメージを描き、そこから感じたものを自分の言葉で表現して伝える。これがコミュニケーションのプロセスです。本を読

むことは、こうしたコミュニケーションの力の基礎を固めることとイコールです。

共有体験の視点から見る読み聞かせの意義は、親と子どもと本の世界での三角形が出来上がることにあります。「本の世界」を共有する、といってもいいでしょうし、物語に心を動かされた「感情」を共有するといってもいいでしょう。そしてその体験を通して、親からの愛を実感するのです。

子どもたちには、どんな本に親しんでもらいたいでしょうか。大人にできることは一つ。自分が良いと思うものを、最初に経験させてしまうことです。子どもが成長して自分で本を選ぶようになった時には、雑多な中から愚にもつかないものを手にすることもあるでしょう。雑多なものをすべて排除することはできません。24時間365日、子どもを監視していることなど不可能で、かつエログロナンセンスなものは、世の中にあふれかえっています。

そんな様々な本と出会った時、幼い頃にお父さんやお母さんの読み聞かせで体験し共有した最初の本の思い出は、単なる思い出以上の意味を発揮します。それが基準になるのです。あの物語と比べて、これはどうだろう。お父さんやお母さんが読んで聞かせてくれたあの本よりも、もっと心温まるお話だろうか。それとも、あの本よりつまらない物語だろうか。

そうして本を自分なりに選び、判断をするための心のモノサシが、幼い頃の読み聞かせの体験で、子どもの中に出来上がるのです。

いっしょにキャンプに行く

共有体験を行う上で大事なのは、プリミティブな体験の共有です。キャンプや野外活動などには、大きな意味があります。

キャンプに行けば、「嫌でも」家族はいっしょにいることになります。そして家族で、何か一つのことをいっしょにやらざるを得ないのです。物理的な時間と場所が用意されれば、それだけ体験は共有され、感情を共有するチャンスは増えます。キャンプという非日常空間は、共有体験の宝庫なのです。

まず、キャンプ生活は、不便なことの連続です。テントの夜は暗いし、朝は明るい。朝の4時、5時にはテントの中にまぶしい明るさが満ちあふれます。おちおち寝ていることなどできません。夕方日が落ちて暗くなると、ランプやろうそくの明かりの下で、目がトロンとしてきます。8時くらいには眠くなってしまいます。

数日そうした生活が続くと、文字どおり早寝早起きになって、ちょっと大げさにいえば、宇宙の動きに身体と心が同期してきます。

そういう不便なキャンプ生活の中では、様々な出来事が起こり、普段と違った環境の中で戸惑うことも少なくありません。そうしたとき、臨機応変に対応する大人を、子どもたちはじっと観察しています。いつもと違うお父さんやお母さんの顔を発見するのです。生き生きとして、まさに生きることを楽しんでいるお父さんやお母さんが、とても新鮮に見えるに違いありません。

人間の欲求には、基本的欲求と社会的欲求とがあります。基本的欲求というのは、食欲や睡眠欲などの生理的な欲求や、安全に暮らしたいという欲求のことです。社会的欲求とは、楽しく遊びたいとか、勉強して人より良い成績をとりたい、ほめられたいなどの欲求のことです。

私たちは基本的欲求が満たされてはじめて、社会的欲求に目が向きます。そしてキャンプ生活では、まずすべての人間が、基本的欲求を満たすことに集中します。大人も子どもも例外なくそうなのです。その点で、大人と子どもは同じレベルに立ち、対等になります。大人の下に置かれて「あれをしなさい」「これをしなさい」と言われている中ではけっして芽生えることのない、子どもたちの「やる気」が、芽を出すことにつながります。

さらにキャンプでは、現代の家族から消え去った家族の機能が取り戻されます。それは生産機能や教育機能、そして娯楽機能です。もともと家族には、こうしたいくつもの機能がありました。家族で物を作り、その作り方を教える中で教育が行われ、同時に子どもにとっては遊びとなりました。団らんの中では、歌い踊ることもあったでしょう。

現代の家族の機能は、ただ単に休養と睡眠だけに限定されてしまっていないでしょうか。キャンプ生活で眠り、生活する場所を整え、食事を作ったり片付けをしたりする中で、日常生活で失われたものを取り戻せるのです。家族でのキャンプ生活は、密度の濃い共有体験が期待されます。

いっしょに映画館へ行く

ほとんどの家庭にテレビがあって、ビデオやＤＶＤで映画さえ観ることができるようになりました。しかし、テレビで映画を観ることと、映画館で映画を観ることでは何か違いがあるのでしょうか。

一番大きな違いは「非日常」ということでしょう。テレビは日常生活に、しっかりと入り込んでいます。今の暮らしにおいては、テレビがあるのが普通です。映画を映画館で観ることの一番のメリットは、そんな日常生活に「非日常」の時間をつくり出せることです。

テレビで放映される映画は録画して、自分の都合のいい時間に再生して観ることができます。でも、映画館で観る映画は違います。何でもこちらの都合に合わせてくれる便利な世の中に反して、映画は上映時間が決まっていて、こちらがそれに合わせなければなりません。

映画館の特徴は、暗がりと臨場感にもあります。大きな暗い空間で、巨大なスクリーンに映し出される映像や、迫力ある音声に身体中が覆いつくされます。そして、それを家族で肩を寄せ合って共有することは、現代社会において、数少ない非日常体験でもあります。

普段は、なかなか親子いっしょに映画を観る機会は持てません。そしていっしょに観なければ、感想を語り合うことはできません。感想を語り合うことによって、お父さんやお母さんのものの見方や感じ方を、子どもが学ぶことができるのです。素敵だった人物、感動的な場面、辛かった事件、うれしかった出来事などを、同じ映画を観た仲間として語り合うのです。

いっしょにコンサート・劇場に行く

映画館と同じように、生の音楽をいっしょに聴きに行くということも、貴重な共有体験の一つです。

音楽の根本的な意義は、生きていることを実感させてくれることではないでしょうか。美しいメロディやハーモニーも音楽の大切な要素ですが、太鼓や手拍子のリズムだけでも、それは音楽です。いのちの源である心臓の鼓動に通じているからかもしれません。

ネットやCDでも多様な音楽を聴くことができますが、生の音楽に勝るものはありません。聴くだけではなく、見ることもできるからです。「音楽は目で聴く」という言葉もあるくらいです。コンサート会場では、その場のにおいや手触りさえも、感じ取ることができます。どんなに忠実で優秀な再生装置を作っても、バイオリンを弾いている演奏者を再現することはできません。

日常生活で、私たちが使うことのできる再生装置の出す音は、実際の生の音とは似ても似つかないものです。バイオリンの弓が弦に触れる時のかすかな音には、私たちの耳に入らないほどの高い周波数の音も含まれています。そんな高い音はCDで再生することができないのです。また、一番弱い小さなピアニッシモの音と、最強最大のフォルティッシモの音量の差を、普通の生活の中で体験することは、ほとんど不可能です。強い音の迫力は、弱い小さな音と比較することで、はじめて私たちは感じることができるのです。

たくさんの人たちがそれぞれ楽器を持って、一心に音楽をつくり上げることに取り組んでいる様子も、子どもを圧倒します。だからこそ、生み出されるリズムとメロディとハーモニーが、人間のいのちの強さを子どもたちに伝えるのではないでしょうか。生のコンサートの迫力は、こうして生まれるのです。

バレエや演劇やオペラなどには、音楽にプラスして人々の動きややりとり、そして物語があります。また、ミュージカルは音楽と歌と踊りでつくられる親しみやすい総合芸術です。もちろん、能や狂言あるいは歌舞伎などの日本の伝統的な舞台芸術も、ぜひ子どもたちと観たいものです。

幼い頃のこうした体験は、いつまでも色あせることなく心の宝物として輝きを放ち続け、想像力を刺激し続けるのです。こうした親との共有体験から、子どもたちは生きていくことの喜び、いのちの大切さを再確認するのではないでしょうか。

いっしょにテレビを見る

子どもにテレビを見せることについて、見せすぎはいけない、一人で見せるのはいけない、さらには番組の内容をしっかりと選別しなければいけない、などといわれます。

テレビ画面には悲惨な事故、風水害による被災地の様子、あるいはテロや戦闘の様子などが毎日のように映し出されますし、番組の内容も様々です。子どもを遠ざけておきたいと思うのは、親心として自然なことです。

しかし、「ノーテレビデー」などの運動によってテレビのない生活を体験することはできても、テレビを生活から完全に排除するなど不可能に近いことです。それならいっそ、「ノーテレビデー」ではなく「いっしょにテレビデー」のほうが現実的ではないでしょうか。

一人ひとりが自分の部屋で小さな画面に向かって番組を見るのではなく、

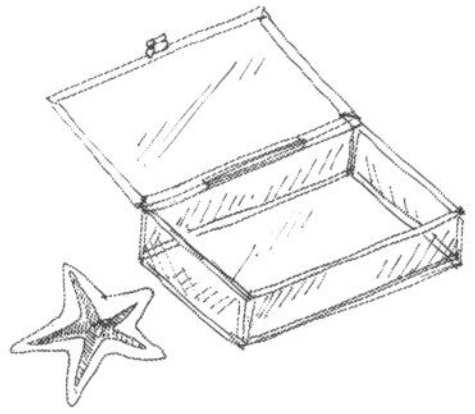

スマートフォンのような端末を手元に置いてネット動画を見るのでもなく、居間の大きなテレビを家族いっしょに見る時間を大切にするのです。

せめて週に一度ぐらいは、家族そろって映画やドラマ、バラエティ番組やスポーツ中継などを見て、笑ったり、泣いたり、楽しんだりするという共有体験をしてはいかがでしょうか。家族そろっての夕食と、その後に続くテレビ鑑賞は、濃密な共有体験となるはずです。ホームドラマやコメディ番組を家族がそろって見ていた時代には、それがあったのです。

映画でもドラマでも、完璧にいいお話はありません。ハッピーエンドであっても途中で悲しい場面があったり、残酷なことがあったりします。うれしい、楽しいといったポジティブな感情だけではないことこそが、大事なのだと思います。テレビを見ながら「こういう場所はいいね」「こういう言葉はお母さん嫌いだわ」と言いながら見れば、ものの見方も親から子どもに自然と伝わるのです。

いつもいっしょに見ることはできないと思います。ただ、子どもがテレビを見る時には、いっしょに見るチャンスを、一日に一度はつくってほしいと思います。そして、その時感じたことを、親子で伝え合うのです。ただ横に座っているだけでも、気持ちは伝わります。ぜひ、そんなふうにテレビを活用してみてほしいです。

テレビというメディアは、たくさんの弊害をもたらします。においや味わい、手触りなどを感じることもできず、見ることと聴くことだけが頼りの道具です。乳幼児期からテレビ漬けにしたり、ダラダラと無制限に見たりする習慣は、大きな問題を引き起こします。

しかし、家族のそばにあって、体験の共有と感情の共有のチャンスを与えてくれる有用な道具でもあります。現代においては、家族でいっしょにテレビを見ることは貴重な共有体験といえるのです。

いっしょに無防備な時間を過ごす

日常生活の中でプリミティブな感情を共有するには、無防備な瞬間を狙うのが有効です。特に、夜寝る前はとても良い時間となります。

一日の疲れと夕食の満腹感、お風呂の後の心地良さから、子どもは眠気に襲われ、活動性が落ちていきます。いつものやんちゃな姿はなく、なんだかおとなしく、かわいらしく見えます。眠くて寝てしまいそうなタイミングだからこそ、親が近づきやすい狙い目の瞬間です。

寝入りばなの読み聞かせが素敵な共有体験となるのは、そうした効果が大きいのでしょう。元気いっぱいに走り回っている時に、本を読んだり話をしたりしようとしても難しく、こっちへ来なさいといっても聞いてもらえません。

お風呂の時間も、無防備な状態といえます。子どもといっしょにお風呂に入ることも、貴重な共有体験となるでしょう。リラックスした状態であれば、心と心の会話が成り立ちますし、気持ちも通じ合いやすくなります。

また子どもが風邪などで熱を出して寝込んだ時も、絶好の共有体験の機会となります。年に一度や二度は訪れるその時、彼らは風邪の熱で元気をなくしています。ウトウトと眠ってばかりいますから、そう簡単には睡魔に襲われません。そのくせ、そばにいてほしいとお願いしてきます。こういう時こそ、寄り添っていっしょにいてあげて、読み聞かせやお話をしてあげる絶好のチャンスなのです。

いっしょに人の死を悲しむ

身近な死を体験することが少なくなっているといわれます。確かに日常生活の中で、隣の部屋で闘病している祖父母が亡くなる、といった体験は少なくなっているかもしれません。

しかし子どもにとっては、たとえ遠く離れた病院や田舎で亡くなったとしても、大好きなおじいちゃんやおばあちゃんの死は、人生の中でとても大きな出来事です。

その時、子どもの前で、お父さんやお母さんがいっしょに涙を流してお別れをするということが、とても大きな意味を持っています。親と悲しみの感情を共有して、自分だけの悲しみにしないことができるからです。

人が死んだらどうなるのか、死とはどういうことかを理解できるようになるには、ある一定の年齢に発達する必要があります。無理に理屈で説明されて理解しようとするよりも「身近な死の体験を共有できた」という事実のほうが大切なのです。

いっしょに不便を楽しむ

日常生活の中で、五感を駆使した体験を積み重ねていくことはとても大切です。隣に信頼できる身近な人がいれば、それも共有体験の機会になります。

現代の生活は、何事も「できるだけ頭を使わずに物事が動いていくように」という方向へと発展してきました。それが実現すれば、スピーディで効率よく事態が進行するからです。そのおかげで便利なものがあふれ、様々なプロセスが排除されてきましたが、これまでは、その排除されたプロセスの中に共有体験があったのです。

そんな今だからこそ、時々はあえて不便なほうを選び、それを子どもといっしょにのんびり楽しむという機会をつくってみてはいかがでしょうか。

例えば、最寄り駅の一駅手前で降りて、いつもと違う道を散歩しながら帰る。あるいは、冷たい牛乳を電子レンジではなく、ミルクパンで温めるなど…。

急いでいる時の電子レンジはとても便利なものです。でも果たして、それほど急ぐ必要があるのでしょうか。その節約した数分が、そんなに貴重なのでしょうか。

冷たい牛乳を、お気に入りのホウロウ引きの小さなミルクパンに注いで、ガスコンロの上でゆっくりと温まるのを待つ。そんなひと時を、子どもといっしょに楽しむことはできないでしょうか。生きていることの充実感を、ほのかに温まっていく牛乳を見つめながら感じてほしいと思うのです。

親の気持ちを伝える

テレビゲームが家庭に入り込んでから何十年も経っています。今はもうゲーム世代が親になる時代ですから、ゲーム機を子どもたちの手の届かないところに追いやることは不可能なのかもしれません。

テレビゲームだけではありません。子どもたちを夢中にさせるものは、身の回りにあふれかえっています。大人たちが知恵を絞って、子どもたちを引きつける方法を研究して製品を開発しているのですから、当然といえば当然です。それらが社会の中で意味のある経済活動として成立していることを、頭から否定するわけにはいかないでしょう。

しかし、興味を引きつけるために手段を選ばないようなやり方には、私たちは批判の声を上げるべきです。テレビやビデオ、インターネットやゲーム、アニメなどの中には、そうした物語やエピソードがあふれています。人を傷つけたり、人権を踏みにじったりするような内容は、絶対に許すべきではありません。

もし子どもたちが、そうしたものに夢中になっていた場合には、断固として自分の気持ちを伝えるべきです。

「お母さんは、そんなこと嫌」

「お母さんは、そんなふうに人を傷つけたくない」

「そんなこと、お母さんは悲しくて苦しくて、とてもできない」

けっして、「子どもはそんなことをするべきではない」「それはいけないことだよ」などと、一般論や常識論で言うべきではありません。そんなふうに言っても、子どもたちは親に見つからないように、隠れてするようになるだけです。

そうではなく、親自身の内側から出てくる感情に素直に従って、自分のメッセージとして、気持ちを伝えるのです。

「これは良いことだ」「これは悪いことだ」などと決めつけるのではなく、論理的・合理的に説明してわからせるべきだ、説得することが必要だ、などといわれます。しかし、それには私は賛成することはできません。良いことや悪いことは、親自身の内側から湧いてくる自分自身の感情をそのまま表すことで、はじめて子どもに実感として伝わるのです。理屈で理解できるかどうかよりも、実感できるかどうかのほうが大切なのです。

悲しい時は涙ぐんで、怒っている時は目を吊り上げて「感情的になって」

気持ちを伝えてほしいと思います。本気で怒ることはとても大切です。冷静に叱るということも確かに必要ですが、本気で感情的に怒ることはもっと必要です。叱るのではなく、怒るのです。怒りに震えて、涙を流して、本気で怒ってあげてください。

親自身の気持ちとして、何が良くて、何が楽しくてうれしいのか。何が悪くて、どんなことが嫌で悲しく苦しいのか。どれが好きで、どれが嫌いなのか。そんなふうに、子どもは実に具体的に、そして個別的に善悪の判断の基準を内面化していきます。それが内面化された時に、はじめて意味を持つのです。そうすると、隠れて悪いことをすることもなくなっていきます。親の思いが、子どもの中に内面化しているから、隠れようがないのです。

感情を素直に表す

よく「子どもには肯定的な言葉がけを」「怒るのではなく、叱るように」などといわれます。でも人はつい、感情的になってしまうものです。子どもを叱る時にも感情が出ますし、荒々しい夫婦喧嘩を子どもの前でしてしまうこともあります。そして決まって後から後悔し、「感情をコントロールしたい」と思うようになるのです。

しかし私は、感情的になってはいけない＝人間として行動するな、と言っているような気がするのです。もちろん、その度合いもありますが、感情的になるのは、決して悪いことではありません。

怒る、泣く、笑う、喜ぶといった感情はすべて一体で、怒ることだけ止めるということはできません。怒ることがなくなっている人は、笑うことも喜ぶこともなくなっている人です。感情を押さえつけると、怒ることもしなければ、笑うこともしない人間になってしまいます。そんな人間は果たして魅力的でしょうか。子どもから見て、素敵なお母さんやお父さんといえるでしょうか。

子どもが自分の感情の振れ幅を決める時には、お父さん・お母さんの心の動きが大きな基準にもなるのです。だから、親が感情に任せて怒ることも、決して悪いことではありません。むしろ親が感情を抑えてしまうと、子どもが感情を共有する機会が失われます。子どもはとても感情が動いているのに、親は動いていないとしたら、その分わかり合える瞬間をいっしょに過ごすことができないのです。

保育園、幼稚園、こども園での共有体験

基本的自尊感情の形成は、幼い頃から最も身近で親密な関係にある保護者との日常生活の積み重ねによってなされることは明らかです。

しかし、だからといって、家庭以外、例えば保育園や幼稚園や学校などが無力であるかというとそうではありません。

保育現場でも期待できる共有体験

近年は、0歳から預けられる保育園が増える傾向にあり、0歳から5歳までを保育園で過ごす子どもが多くなっています。幼稚園においても預かり保育などの事業を行い、朝から夕方までの幼児の生活の場にもなりつつあります。また最近では、保護者が働いている・いないにかかわらず利用可能な「認定こども園」という施設も増えていて、乳幼児期からの保育や子育て支援などを包括的に行う方向にも向かっています。

基本的信頼の獲得や無条件の愛＋無条件の禁止、体験の共有、感情の共有という視点から見れば、先に説明したように、特に乳児期においては保護者

との関わりが大切だと思います。しかし保育現場は生活の場であり、保育者という身近で信頼できる養育者と日々の営みを繰り返すわけですから、共有体験をしっかりと意識することで、基本的自尊感情を育むことは充分に可能だと考えられます。

特に、現代の若い親世代が置かれた状況を見れば、地域から孤立する中で子育てをするよりも、子どもの育ちの専門家である保育者との良い関係性の中で子どもを育てることのほうが、有効な場合があるのだろうと思います。改めて見ると、そんな環境の中にこそ、様々な共有体験があふれていることに気づかされます。

乳児の保育での共有体験

乳児期の保育であれば、保育者と1対1で向き合う関係が基本になります。例えば、おむつ交換は一日何度も行われます。その度に、不快な状態から心地良い状態にしてもらえる行為と優しい語りかけが保育者から与えられます。

お昼寝の時間は、眠りにつくまで側でさすって、鼓動に合わせて優しくトントンとしてくれます。たくさん活動してお腹が空いた頃には食事が用意され、保育者が丁寧に介添えしてくれます。

赤ちゃんは食事に集中しないことも多く、どんな親でもいらだってしまうものです。しかし保育の専門家なら、子どものペースを乱さず、怒ることなく食事に集中できるような肯定的な語りかけと援助を行ってくれます。保育者がおいしい食事を与え、温かいやりとりを日々繰り返すことで、子どもは安心の共有体験を重ねていきます。もちろん、保育者がそれだけの技術を持ち、丁寧な関わりをしていることが前提となります。

生活面以外でも、子どもの発達に合った遊具がそろっていることで、遊びに広がりが出て、多様な体験を共有することができます。わらべうたを歌ってもらうことからも、信頼する大人から心地良い歌声のシャワーを浴びる体験を共有することができます。見慣れた大人から抱っこされる、撫でられる、くすぐられるといったスキンシップを豊富に受けるその姿は、一昔前の祖父母に育てられる子どもにも通じるものがあります。そういう意味では、先に説明した浮世絵の中の原象徴的三角形のような状況も数多く起こるでしょう。保育者におんぶされて散歩に行く子ども、よちよち歩きで散歩に行く子どもは、新しいものを発見する度に、保育者とともに見つめて、思いを共有するのです。

幼児の保育での共有体験

幼児期になると自立も進み、仲間との楽しい日々が繰り広げられます。保育者という信頼する大人に守られて、遊びと生活の中で共有体験の嵐の日々を送ることになります。

現在の日本の保育園や幼稚園においては、詰め込み的な手法よりも、毎日の生活を中心に、子ども主体の遊びや自己活動を重視するところが多いと聞いています。

幼児期には仲間意識も生まれ、友達といっしょに様々な遊びに取り組むこともできます。園舎という狭い空間ではありますが、家から出て、自分の世界を少数の仲間と共有する日々を送ります。一人きりではできないことも、仲間といっしょなら怖くありません。一人では何をしたらいいかわからない時も、仲間がいれば互いに知恵を出し合うこともできます。

幼児にとって「今、その時」をどれだけ充実して過ごすかが、一番大切なことだと思います。今この瞬間は二度となく、人生は一度きりです。無心に遊びまわる子どもは、疲れようが、少々痛かろうが、苦しかろうが、その瞬間が楽しくて仕方がないから遊ぶのです。

保育現場で繰り広げられている遊びには、ものをつくること、競い合うこと、みんなで何かをすること、何かを演じたりすることなど、様々な種類があります。仲間とそうした遊びの交流をするなかで、喜び、悲しみ、悔しさ、達成感など、遊びの数だけ感情のやりとりが生まれます。ケンカがあり、仲直りがあり、先生に叱られることがあり…と、家庭では味わえないような共有体験がたくさんあります。

そこに行けば、毎日必ず遊びがある。仲間が待っている。先生が待っている…。子どもたちは新しい瞬間を求めて、楽しく登園していることでしょう。幼稚園や保育園が提供している生活と遊びの場には、多様な共有体験があふれているのです。保育者は、日々の営みに自信を持って、子どもとの共有体験をたくさん積み上げていってほしいと思います。

絵本の読み聞かせ

保育現場では、絵本の読み聞かせが多く行われています。読み聞かせは、実に豊かな共有体験をもたらしてくれるものです。

保育現場には、長い年月をかけて評価された選りすぐりの絵本がたくさんあることでしょう。その中から子どもに合った絵本を選び、読み聞かせすることで、豊かな物語の世界を共有することができます。

よく、どのような絵本が良いのかと聞かれることがありますが、私は「読み手自身にとって、絵本の中の登場人物が魅力的に描かれていると思えるものを選ぶと良い」と答えています。つまり、好きな絵本です。読み手の感情さえも動かしてしまうような絵本を読むことで、聞き手である子どもにもよりその感動が伝わります。読み方や声のトーンは毎日同じであっても、物語や登場人物に魅力を感じているかどうかで、絵本の世界の共有に差が出るからです。

絵本であれ、音楽であれ、芸術的な要素は子どもを取り巻く環境には必要です。その際には、本物の質を求めることが極めて重要だと思います。子どもだましのものではなく、そこにいる大人も感動するような質の高いものに触れることで、共有体験は自然と生まれていきます。

若い保育者の自尊感情

若い保育者の自己肯定感が低いという話が、各所で聞かれます。
自己肯定感とは一見、基本的自尊感情に近いもののように思えます。しかし、この文脈でいわれる自己肯定感とは、私は社会的自尊感情のことではないかと感じています。

保育者養成の大学で教育実習指導の授業を受け持ち、数々の幼稚園や保育園を回るなかで出会う保育者の印象は、競争社会の中で「勝てなかった」「自分にはこれしかなかった」と思い込んでいる人が多いという実感があります。しかし、基本的自尊感情も含めた自尊感情という視点で見ると、保育者の姿が違って見えるようになります。

学生のほとんどが保育者を目指して通っている短期大学で授業を持つようになり、驚いたことがありました。ある授業の中で「卒業式でよく歌われる『旅立ちの日』という歌があるよね」という話になった時、誰もが「知ってる！」と盛り上がりました。そして誰からともなく歌い始めると、次々と声を合わせ、120人の大合唱になったのです。

これまで経験した大学の授業では、歌のタイトルを言っても無関心、あるいは私が一節歌って学生が拍手する、という反応があった程度です。学生全員が最後まで歌い切るという経験は今までなく、とても感動しました。

自尊感情が低い学生に、果たしてそのようなことができるのだろうか、と私は疑問に思います。

保育者になりたい人とは

保育者を目指す人に、子どもが嫌いな人はいません。子どもが好きで、子どもと関わることに喜びを感じるから、保育者になろうと思っています。それはつまり、気持ちが子どものように開放的で、体験と感情の共有にも反応する力を持っているということです。

歌をみんなで歌う、しかも強制的でなく自発的に身体が反応するように歌う、ともに歌う喜びを感じる…、まさに共有体験です。これは、保育現場の日常で見られる光景です。

そのような姿を見た私は、「保育者の基本的自尊感情はしっかりとある。低いのは、社会的自尊感情ではないか」と思ったのです。

学力が高くなければ、社会的自尊感情は低くなります。また、クラスでリー

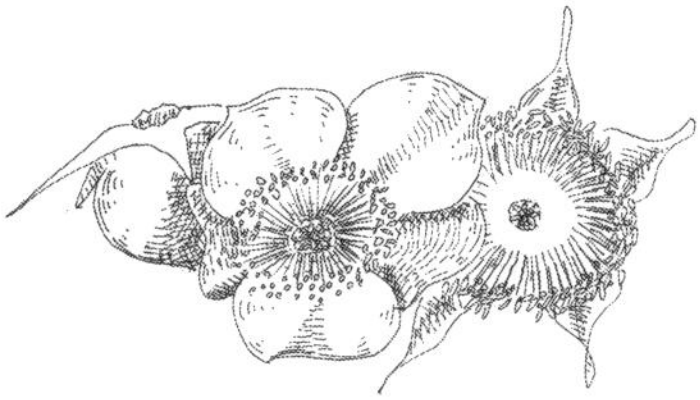

ダーシップを発揮するような言動ができない場合も、社会的自尊感情は低くなります。今の競争社会の中でそういう人たちは、まわりから見れば「自信のない人」として認識されています。しかし私は、根底には基本的自尊感情がしっかりと形成されている人が多いのではないかと感じているのです。

最初はおどおどして何もできない保育者でも、現場で数年経験すると、自分の仕事に誇りを持ち「専門性を高めていこう」と思い始める時がきます。もともとある基本的自尊感情をベースに、自分の仕事に誇りを持ったり、充実感を感じたりといった方向、つまり社会的自尊感情を高める方向に進み始めるのです。

学校での共有体験

学校現場でも育つ自尊感情

学校では授業などが中心となり、「日常的な共有体験の場がないのでは」と考えられがちです。

しかし保護者との共有体験に恵まれず、基本的自尊感情を充分に育てられなかった子どもにとって、学校は友達や教師と体験や感情を共有できる格好の場でもあるのです。

総合的な学習の時間や特別活動、さらには運動会や合唱コンクール、部活動など、自分自身をオープンにして、仲間とともに同じ目標に向けて力を合わせる場面は、数多くあります。ともに努力し、喜んだり、悔しがったりできる。これらの経験は、子どもたちの基本的自尊感情を育む上で非常に大切な役割を果たします。

二つの自尊感情はともに育つ

この時に知っておきたいこととして、前述しましたが、社会的自尊感情と基本的自尊感情はまったく切り離されたものではないということです。

心の中ではつながった同じ自尊感情です。勉強やスポーツなど、何か成果が上がった時に社会的自尊感情は高まります。しかし同時に、それだけの成果を得るためには、みんなで協力し合ったり、意見を交わしたりと、いろいろな感情の交流が発生していたはずです。そうした共有体験を積み重ねるうちに、基本的自尊感情が育っていくことはよくあることです。このことはSOBA-SETの結果で、数値的に両者に相関関係があることからもわかります。

例えば、合唱コンクールの練習でクラスが一体になっていったとします。歌うことの心地よさを一人ひとりが感じ、クラス全体で合わせることに喜びを感じると、よりいっそう練習して、素敵なハーモニーをつくりあげる。このような好循環が生まれ、その結果優勝する…といったことはよくあります。この時、社会的自尊感情だけでなく、密度の濃い共有体験によって基本的自尊感情も強化されていくのです。

学校行事やクラブ活動などでは、良い結果を出すためにみんなで目標を持って頑張りますが、その際に基本的自尊感情が育まれるような交流が生まれているか、または、生まれるような取り組みになっているかを、意識することが必要です。

授業の中で気持ちを共有できるように

共有体験の機会は、普段の授業の中にも見出すことができます。多くの学校では、子どもたちが教壇に向かって机を並べる講義形式での授業が行われていると思いますが、この時、子どもたちは隣に座る友達の「わかった！」という感動やできなかった時の落胆、次はどんな授業なのか…といったわくわく感などを肌で感じ取り、その感情を共有しています。

ゆえに、感情がオープンにできるような学級風土がつくられているかどうかが大切です。教師が鵜飼いのように子ども一人ひとりの手綱を握り、子ども同士をライバルのように競わせる環境では、こうした共有は起こりません。「おもしろい」「わかった」「つまらない」という感情が、子ども同士で共有できればいいのですが、近年の学校教育では「そういった感情を隣の子に悟られないように」という意識があるようです。保育園や幼稚園にいた頃には、声をそろえてみんなが一つになり、盛り上がったり沈んだりできていたのに、学年が上がるに従って、だんだんと気持ちを分断させられていっている悲しい状況があります。授業についても、わかっていてもわからないふりをする、あるいはその逆という、緊張した空気があります。

こういう学級の風土こそ、教師の力量で変えてほしいものです。そして、できなかったことができるようになる喜びを、子ども同士が共有できる環境を目指していってほしいです。このような授業が日常化することで、子どもたちの基本的自尊感情は育っていきます。

また、子ども同士だけでなく、子どもと先生が体験や感情を共有することもまた重要です。よく「子どもと向き合う」という表現が使われますが、私が強調したいのは「子どもと並ぶ」ことです。先生が子どもと同じ方向を見て、同じものを目指し、同じことに挑戦し、わからないことには同じように悩む。

そうした存在として先生がそばにいてくれると、子どもはとても心強く感じ、安心できます。子どもとの関係性をつくる段階では「子どもと向き合う」ことが必要ですが、子どもとの関係を深め、体験と感情を共有する上では「子どもと並ぶ」という姿勢も大切であることを、ぜひ覚えておいてください。

bタイプの子どもに配慮した班を構成する

私は、子ども同士で共有体験が生じやすい環境を整備するという試みを、いくつかの学校で進めています。まず、学校にいる子どもたちの自尊感情をSOBA-SETで測定して、自尊感情のタイプをリストアップします。先に説明した自尊感情の４つのタイプを思い出してください。

- SBタイプ＝自尊感情の二つの部分がバランスよく形成されている
- sBタイプ＝社会的自尊感情が育っていない
- sbタイプ＝自尊感情の二つの部分が両方とも育っていない
- Sbタイプ＝社会的自尊感情が肥大化している

何をするかというと、これら自尊感情タイプを考慮に入れて、クラス内の班分けや、活動のグループを構成するのです。

ポイントは、基本的自尊感情の育ちに応じて組み合わせることです。具体的には、基本的自尊感情が育っていないｂの子ども同士を組み合わせない、もしくは複数入れないということです。

例えば、４人毎のグループをつくる場合、ｂを持つ子どもは各グループに一人にして、残りは基本的自尊感情が高いＢを持つ子どもで構成し

基本的自尊感情の低い子ども(Sb、sb)に配慮した班構成

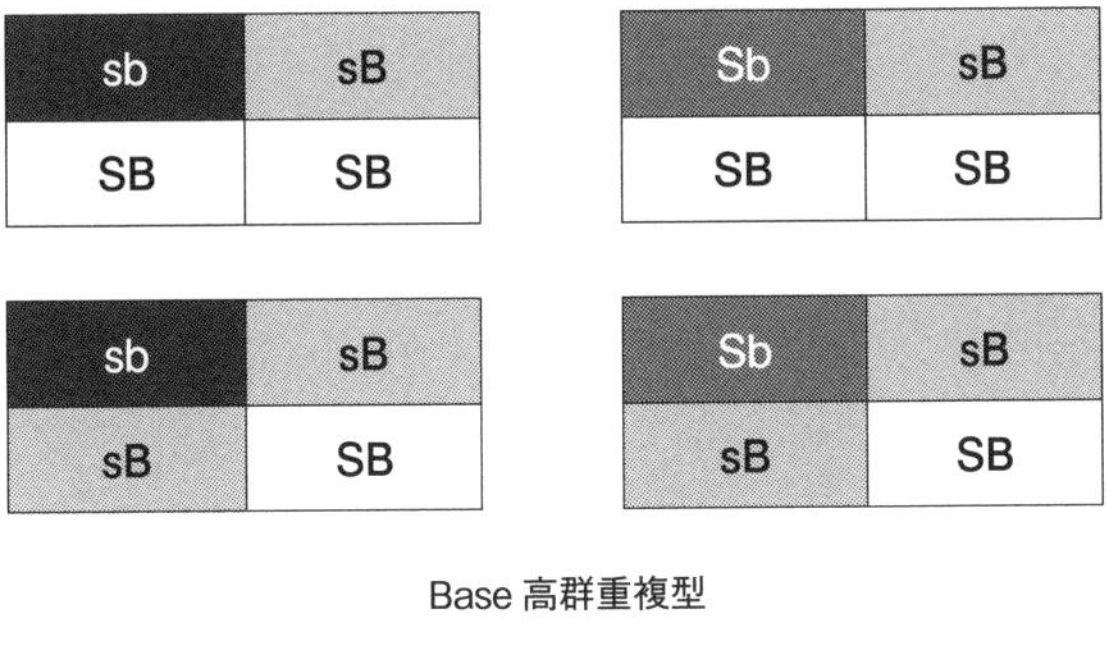

Base 高群重複型

ます。

ここでは、社会的自尊感情のｓかＳかは関係ありません。目的は、子ども同士の共有体験を促すことにあるからです。

そもそも、ｂを持つ子どもはなぜ基本的自尊感情が育っていないかというと、共有体験の積み重ねが少ないからです。少ないということは、経験がないがゆえに、共有体験そのものが得意ではない傾向にあります。子ども自身が、どのように共有体験を重ねればいいかもわかりませんし、そもそもその良さもわかっていない可能性が高いのです。

一方、Ｂを持つ子どもは、これまで多くの共有体験を重ねてきています。その心地良さやコツも身につけています。ですから、関わり合う子どもの中に共有体験がうまくできない子が一人いても、うまく引き出してくれることが期待されるのです。

何をするにしても「おもしろいね」「やったね」と、関わりそのものに喜びを見出し、盛り上げてくれます。そうやって、いつの間にかｂを持つ子どもも共有体験ができるようになっていくのです。

この試みを、ある学校で1学期間続けて実践してみました。その結果「bを持つ子は、Bを持つ3人の刺激を受けていっしょにいろいろなことに取り組み、だんだんと笑顔を増やしていった。グループの4人が一つになっていく場面を、幾度も見ることができた」という報告を現場の教師から受けています。効果的な試みだというのが、今のところの実感です。

信頼できる友人をつくる

学校現場において、特に中学校や高校の段階になると、子どもたちにとって友人などのまわりの存在は大きなものになります。親との共有体験や、授業などで、教師が意図的にしかける共有体験よりも、信頼できる友人との日常のやりとりの方が重要になってきます。

私は、ある高校の卒業生を10年間追いかけたことがあります。スクールカウンセリング室を利用した人としなかった人を、無作為に抽出してアンケー

ト調査したのです。その二つのグループにはたくさんの違いがあるだろうと予想していたのですが、たった一つの違いしか見つけられませんでした。

それは、「部活に信頼できる友達がいたか、いないか」だったのです。カウンセリングに来た子どもは、部活にそういう友達がいませんでした。中学生や高校生にとって、部活でいっしょに苦しみ、楽しみ、泣いて、笑うことは、共有体験そのものなのです。

カウンセリングの力

多くの学校には、スクールカウンセリング室があります。カウンセリングとは、人為的に作られた守られた空間で、クライエントとカウンセラーが想いを共有すること。日常生活の中で得られる共有体験とは違いますが、訪れる子どもたちにとっては貴重な体験となります。

誤解を恐れずにいえば、私は、カウンセラーはできるだけ非常識で、ものを知らず、理解力が低く、経験が少なく、知識もないほど良いと思っています。

カウンセラーが、わからないことは「わからない」と、子どもに素直に伝えられることが大切だと考えるからです。

クライエントの立場も、思いも、苦しみもわからないから、カウンセラーはわかろうとしてクライエントの言葉に耳を傾けます。しかし、わからないものはわからない。その状況が伝われば、クライアントは「この人は、自分のことをわかろうとしているけれどわからない。それならなんとかしてわかってほしい」と、カウンセラーに理解してもらうために自らの心を探り、想いを掘り起こし、言葉を尽くして説明しようとします。「わからない」「わかりたい」「わかってほしい」…、この真剣なやりとりが続けられていく中で、やがて二人の間にクライエントの心の中の苦しみがこつ然と姿を現します。二人はそれをともに手を携えて抱きかかえます。まさに、共有するのです。

「ラポール」とは臨床心理学の用語で、カウンセラーとクライエントとの間の心的状態を表す言葉で、相互を信頼し合い、安心して自由に振る舞い、感情の交流を行える関係が成立している状態を表します。二人はラポールを築くまで、こうしたやりとりを繰り返すのです。会話という「体験の共有」と、ラポールを通して行われる「感情の共有」です。

何かわからない不安が言語化されれば、それを客観視できるようになります。さらに共有体験ができれば、カウンセラーがその不安の半分を持っていてくれることになり、クライエントの肩の荷が下ります。

信頼できるカウンセラーとの、確かな共有の経験が大きな意味を持ち、それらのプロセスの結果として、クライエントが自尊感情を取り戻し、「生きる力」をよみがえらせていきます。

もちろん、カウンセリングという専門的な作業ですから、経験は豊かで、多くのケースに熟知し、理解力があり、クライエントを安心させるような常識的な人が、優れたカウンセラーであることは確かです。でも一人ひとりの苦しみは、個別的で特殊なもの。いくらカウンセラーだからといって、クライエントの苦しみをそんなに簡単にわかるはずはありません。しかし、経験によって「わかってしまう」のです。だからこそ、その「わかる」という気持ちを抑えて、わからない態度を貫くことが、優れたカウンセラーの課題だと思います。

子どもをわかろうとする教師

このことは、新人保育者や新人教員にもいえることではないでしょうか。子どものことをわからないからこそ、わかろうとする姿勢が、子どものアンテナに反応して共鳴します。

学校現場では、経験が未熟で、技量もまだまだという新人教員であってもクラスの担任を任されることがあります。保護者からは「大丈夫だろうか」と心配されることがありますが、案外、子どもたちと楽しそうにクラスづくりを行っているのも事実です。

まだ教師にもなっていない教育実習の大学生と生徒が、とてもいい関係になっていることもよくあるでしょう。たった2~3週間しかいっしょにいない彼らが、涙の別れをしている場面にしばしば遭遇します。それは、「わからないからこそ、わかろうとした」者だけの感覚です。子どもたちにもその思いと感情は共有されています。だからいっしょに涙するのです。

それに対して、経験を積んでベテランになってくると、子どもの動きを把握した気になります。業務のルーティンが見えてしまいますから、丁寧にやっているつもりでも、子どものほうも「自分と向き合っているというより『生徒全体』というものと向き合っている」と感じ取ってしまいます。

体験の共有と感情の共有は、生身の人間同士の関わりの中から生まれるということを忘れてはなりません。

特別活動における共有体験

特別活動の時間では、共有体験を得るための様々な取り組みが行われています。そこでいくつか、工夫が見られる実践を紹介します。

■「手首の上の綿棒」

綿棒に画鋲を刺して裏返した部分を、手首の脈の上に立てて観察し合う活動です。子どもが二人一組になり、片方の生徒の右手首の脈の上に綿棒を置きます。そしてもう一人の生徒は、綿棒を置いた生徒の左手首を持ちながら脈を取ります。そうすることで、指先の触覚で左手首の脈を感じ、同時に右手首の綿棒がその動きに一致することを視覚で把握できます。さらに聴診器を使えば、聴覚で心音も聞くことができます。それを、ただ二人でいっしょに見るのです。

実際にいのちの営みを「目と手と耳で直接的に確かめる」というこの体験に、子どもたちは心から感動します。

■「人間コピー機」

この活動は、教卓に置いた絵本を一人の生徒が見に行き、その内容をもう一人の生徒に伝えて、伝えられた生徒が再現するというものです。絵を見てきた子の説明に、書き手の子は熱心に耳を傾け、そして二人は少しずつ絵が姿を現してくる紙の上に視線を集中させていきます。

■「ピアニカの共同演奏」

本来は一人で演奏するピアニカを二人で演奏する、というものです。息を吹き込む人と演奏する人のタイミングが一致しないと、なかなか難しいです。吹き手と弾き手の息が合うまでは、二人とも真剣な表情をしていますが、ぴったりと息が合って曲が奏でられたとたんに、ふっと表情が緩む瞬間が訪れます。

■「赤ちゃんと触れ合う」

教室に赤ちゃんに来てもらって、触れ合うという体験もありました。友達と赤ちゃんを並んで見て、いっしょに触れ合い三角形をつくるわけです。天真爛漫無防備な赤ちゃんの様子を見ているうちに、子どもたちの心も無防備になります。そして、いつの間にか温かい気持ちになった子どもは、隣にいる子も同じように温かい気持ちになっていることを確認し、二人はその気持ちを共有するのです。

■映像を鑑賞する

映像作品を授業の中でいっしょに鑑賞し、二人組になって感想を語り合ったり、グループで発表し合ったりします。映像資料の場合、映像そのものの力量が問われます。ここでは3つの作品を紹介します。

●『岸辺のふたり』(2003年、EMIミュージック・ジャパン、約8分)

少女の時に離ればなれになってしまった父を、一生涯想い続ける娘。時はめぐり、そのひたむきな強い想いは、ある奇跡を起こす。繰り返される四季、移り変わる自然を背景に、永遠の愛をわずか8分の物語の中で、豊かに謳いあげる珠玉の短編アニメーション。(ジャケット紹介文より)

●『パワーズ・オブ・テン』(1977年、アスミック・エンターテインメント株式会社、約9分)イームズ夫妻最高傑作にして、20世紀アメリカ映像界最大の成果のひとつ。10秒ごとに10のn乗メートルの速度で、ヒトの細

胞から宇宙の果てまでを旅する、９分間の一大映像叙事詩。（ジャケット紹介文より）

●『ミジンコ　静かなる宇宙』（２００５年、ジェネオンエンタテインメント、約64分）一滴の水の中に生命があり宇宙があった。ミジンコの透けて見える生命で感じる人間、自然、そして宇宙。ミジンコ研究家・ジャズミュージシャン坂田明が贈る、世界初ミジンコＤＶＤ！（ジャケット紹介文より）

■絵本や物語を使う

絵本には、大人でも何度も繰り返して読みたくなるような優れた作品がたくさんあります。例えば、『アンジュール―ある犬の物語』（ガブリエル・バンサン、１９８６）は、文字のない、絵だけの本です。文字がないことで、同じ一冊でも受け手によってまったく違う解釈で読み取ることができます。深く感じ、考えた思いを、隣の誰かと語り合うという共有体験が期待されます。絵本だけでなく、お話などを読み合うということも効果的です。

子ども自らが動こうとする体験を

これまで見てきたように、学校現場では、授業、特別活動、行事などの枠組みの中で共有体験が行われます。その時、共有体験そのものが意図的になりすぎて、いわゆる「やらせ」的なものになってしまうという懸念も出てきます。これは共有体験だけでなく、教育実践全般において教師が悩み続けていることです。

その場合、意図的な体験ではあっても、「子どもが自ら求めて行っているかのように思わせる」という、ファシリテーションの技量が求められます。構造化された中で行いながらも、子どもたちが「自分は能動的にこれをやっている」という思いを持つことが大事だからです。

以前、私が引きこもりの青年グループのカウンセラーを行っていた時のことです。ビルの3階に部屋があったのですが、みんなが帰っていくところを見ながらベランダで手を振る、ということを私はよくやっていました。「さよなら、またね」と声を出すと、ほとんど顔も見せず下を向いて挨拶もできなかったような青年たちが、思わず上を向くのです。そして私が手を振っているところを見て、思わずつられて手を挙げて「あっ」という表情をする場面を幾度となく見てきました。

「挨拶がしたい」「挨拶をしなければ」ではなく、体が勝手に反応したということです。それ以降「仕方がない、手が挙がってしまったから」ということで「さよなら」と言葉がついてくる。そういうことはよくあります。心と体は、つながっているのです。

3

生きる力と乗りこえる力

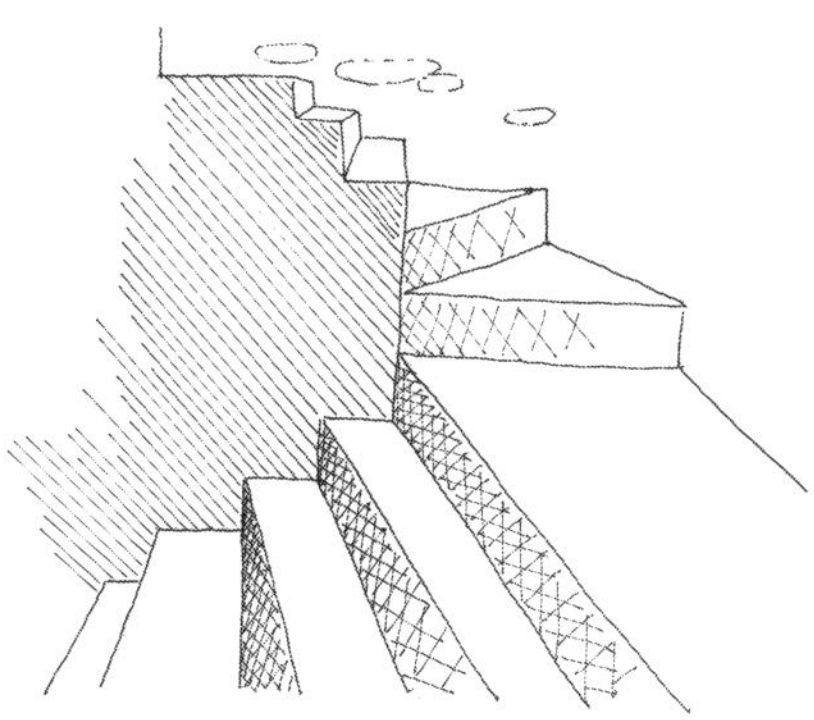

生きる力、乗りこえる力

何が生きる力を支えるか

　ここまで、自尊感情という概念を中心に人の育ちを説明してきました。日常的な関わりの中で育まれていく自尊感情、特に基本的自尊感情は、人が生きていく力の源、植物でいえば「根」のようなものです。この根っこは、豊かな葉を繁らせ、美しい花を咲かせる（社会的自尊感情）ための土台の役割を担います。

　一方で、植物も大雨や日照り、時には何かに踏まれてしまうなど、生命の危機にさらされることがあります。その時、地にしっかりと根を下ろしている植物と、貧弱な根しか持っていない植物では、そのまま枯れてしまうのか、再び美しい花を咲かせるために立ち直ることができるかで、大きな違いが出ます。

　人間が生きていく上でも、そのような過酷な体験は数多く待ち構えています。大きな自然災害によって困難を強いられることもありますし、人生経験の中では立ち直れないような大きな挫折を味わうこともあるでしょう。日々の生活の中にも、暑さ寒さなどの自然現象、騒音や大気汚染などの人為的な悪環境などの物理化学的なストレス、受験や競争、過密な都市生活などの社会的ストレス、身近な人間関係における心理ストレスなど、挙げればきりがありません。

そして私たちは、そうした大小の困難を避けて生きていくことはできません。傷つき、押しつぶされそうになっても、困難やストレスを乗り越えながら生きていくのです。この時、何が私たちを支えるのでしょうか。

私は、基本的自尊感情こそが、生きる力として支えてくれていると考えています。その前にまず、人がストレスをどのように乗り越えていくのかを探っていきましょう。

ストレス障害——ASDとPTSD

重大な事件や事故に遭遇した時には、誰の心にも、驚き、恐怖、不安、葛藤などの反応が生じて、多かれ少なかれ混乱し、取り乱し、平常な状態ではいられなくなります。その状態が病的なレベルにまでなった場合をストレス障害と呼びます。

アメリカ精神医学会（ＡＰＡ）の精神疾患に関する診断基準によると、ストレス障害は大きく二つに整理されます。

一つ目は、ＡＳＤ（Acute Stress Disorder；急性ストレス障害）です。自分自身や誰かのいのちに関わるような、恐ろしい出来事に直面したりそれを目撃したりした時、生じる可能性のあるのがこの障害です。そういう体験をした人のＡＳＤ発症率は15～30％程度だとされています。

症状としては、孤立感、現実感の消失、夢、錯覚、フラッシュバック、強い不安症状、睡眠障害、集中困難、過度の警戒心、過剰な驚愕反応などが挙げられます。自分自身が、直接恐ろしい体験をするだけでなく、目撃したことによって生じることもあります。例えば東日本大震災のような、メディアで連日のように被災状況が報道されていた事例では、直接被災した人だけでなく、テレビ画面に繰り返し流される津波や火災などの映像を見て、いわば疑似体験・間接体験した人にもＡＳＤが出ました。

二つ目は、ＰＴＳＤ（Posttraumatic Stress Disorder；心的外傷後ストレス障害）です。ＰＴＳＤは、ＡＳＤ同様に、過酷な体験をした後にストレス障害を発症するもので、その発症率は30～50％といわれています。

診断基準では、症状が最低1ヶ月以上続くことを条件としていますので、事件や事故の体験から1ヶ月以上経過した段階で診断基準を満たすような症状がある場合に、ＰＴＳＤと診断されます。症状はＡＳＤ同様で、子どもの場合は、事件や事故から連想されることを表現する遊び（地震ごっこや津波ごっこなど）を繰り返したり、内容のはっきりしない恐ろしい夢を何度も見たりします。さらには、その出来事が今また起こっているかのように行動したり感じたりすることもあります。

回復、成長する人はいる

ここで注目したいのは、ＡＳＤであれば7～8割、ＰＴＳＤであれば5～

７割の人は、発症しないかもしれない、ということです。そして、ストレス障害を発症したとしても、その症状の経過には大きな個人差があるということです。

過酷な体験をしても、それを切り抜けたり、乗り越えたりできる人は少なくありません。さらには、その体験を活かして以前にもまして前向きになり、人格的な成長を遂げる人さえいます。

近年、このような人が過酷な経験や状況から成長することについて、心理学的にも医学的にも、そして科学的にも研究が始まっています。

困難から成長する力――ＰＴＧ

その一つの概念が、ＰＴＧ（Posttraumatic Growth；心的外傷後成長）と呼ばれるものです。これは、人が心に傷を負うようなトラウマティックな経験をした後で、成長することを指します。困難にもがき苦しみながらも、その体験の前よりも成長して人間的に強くなる、あるいは新しい視野が開けて人間関係を構築し直す、というようなことが現実にあるのです。

１９６０年以降、ベトナム戦争の帰還兵の問題として、ＰＴＳＤ研究への関心が高まったアメリカ。ストレス障害に関する研究についても先進国であったことから、１９８０年代に入って新たにＰＴＧについての研究が始まりました。

日本では阪神・淡路大震災を契機にＰＴＳＤ等への理解が進み、その対応や治療についての研究や実践が広がりつつありますが、ＰＴＧの概念はまだ定着していません。しかしいずれは、障害の克服から一歩進んで、ＰＴＧに関心が向かう時がくるだろうと思います。

このＰＴＧは、次の４つの側面で捉えられると考えられています。
①他者を信頼し、その関係がより緊密になる
②新たな可能性を信じるようになる
③人間としての強さを感じるようになる
④人生に対する感謝の気持ちが強くなる

まるで、映画や漫画の主人公が苦難を乗り越えて成長していく姿のようです。ややステレオタイプな解釈でいえば、ハリウッド映画の主人公のイメージが強いかもしれません。叩かれても、叩かれても、立ち上がってチャンピオンを目指す。叩かれることでむしろ成長し、以前より大きく強くなっていく姿が描かれることは、映画の世界ではよくあることです。

一方で、日本映画でいう「寅さん」のようなイメージを持つこともできるかもしれません。失敗しても、失恋しても、彼はひょうひょうと立ち上がってまた旅に出て行きます。それが延々と続くところに「全然成長していないのではないか」「彼は学んでいないのではないか」というふうにも捉えられますが、そうやって傷ついても人生を続けているのです。

物理的に時間は経ち、つまり、前に進んでいくわけです。これも、一種の成長なのではないかと思います。こうしたイメージも、日本的なＰＴＧとしてあるのではないかと考えています。

困難を糧に成長する人間像

過酷な体験というのはとても個人的な心理体験です。それゆえ、人によって差があります。例えば、子どもでいえば受験に失敗した、先生に叱られた、友達に悪口を言われた、飼っている猫が死んだ…など、まわりから見たら「誰にでもそういう経験はあるよ」と言いたくなるようなことでも、トラウマになる場合があります。大震災や戦争のような惨事を体験せずとも、PTSDやPTGのような反応は、日常の中で起こり得るものだと捉えられると思います。

特に、人間として「失敗や惨事を経験して大きくなる」ということは、大きな意味合いとしては自然に捉えられる概念です。ある意味で、宗教も文学も芸術も、もしかしたらPTGのことを描いているのではないかと考えることもできます。過酷な体験をした主人公が、そこから立ち上がって成長していく。読者や観客はその主人公の生き方に共感を覚えて、力をもらうというケースは多くありますし、実際に語り継がれてきたことだと思います。

ＰＴＧ研究のパイオニアであるカルホーンとテデスキーは、ＰＴＧについて「困難な人生の苦しみこそが、人を変え成長させるという考え方は、時として非常にポジティブなものだが、なにもそれは社会学者や心理学者あるいは臨床家によって、〝発見〟されたわけではない」と述べています。そして、「困難や危機といった、苦しみとの出会いによって人が成長する可能性は、古今東西の文学や哲学における一つのテーマであった。人がこうむるこうした問題は、古代から現代までの宗教的な課題の中心ともなっている。例えば、仏教の源流は、釈迦族の王子ゴータマ・ブッダが、死というものを避けられない人間の苦難である、ということに気づいたところにある。また、キリスト教はその多くの宗派において、イエスの苦難が人類を救うための重要で中心的な出来事であるとしている。さらにイスラムの伝統は、少なくともある状況下では、『天国への旅』のためのより良い準備として、苦難を見ている。同様な傾向は、ギリシャ神話にも見られる。数千年前の世界中に見られる文学作品は、実に多様な表現をとってはいるが、人が出会う苦難や喪失の体験から、その意味や変化の兆しの可能性をつかもうと試みている。人が出会うトラウマがその人を変えるという考えは、特に新しいものではない」と重ねていうのです（『ＰＴＧハンドブック』カルホーン、テデスキー、２００６、近藤卓訳）。

乗りこえる力とは

人は、過酷な体験をどのように乗りこえるのでしょうか。恐らく、作用する要因がいくつかあると考えられます。先に紹介したＰＴＧなど、各種の概念を整理して考えていきましょう。

人が困難を乗りこえる時には、ＰＴＧ以外の概念には、

・ソーシャルサポート
・価値観
・パーソナリティ
・レジリエンス
・曖昧性耐性

・基本的自尊感情

があり、図で示したモデルのように、それぞれが影響し合っています。順に説明していきましょう。

ソーシャルサポート

人が立ち直る時、困難に立ち向かう時、身近な人間関係を中心とした「ソーシャルサポート」が必要です。たった一人で生きている人はこの世にはいません。友達、家族、近所の人、学校の先生、スポーツクラブの仲間などの支えを常に必要としています。日常生活の中で、普段からこのような人間関係が豊かに育まれてい

PTGを取り巻く諸概念の関係モデル

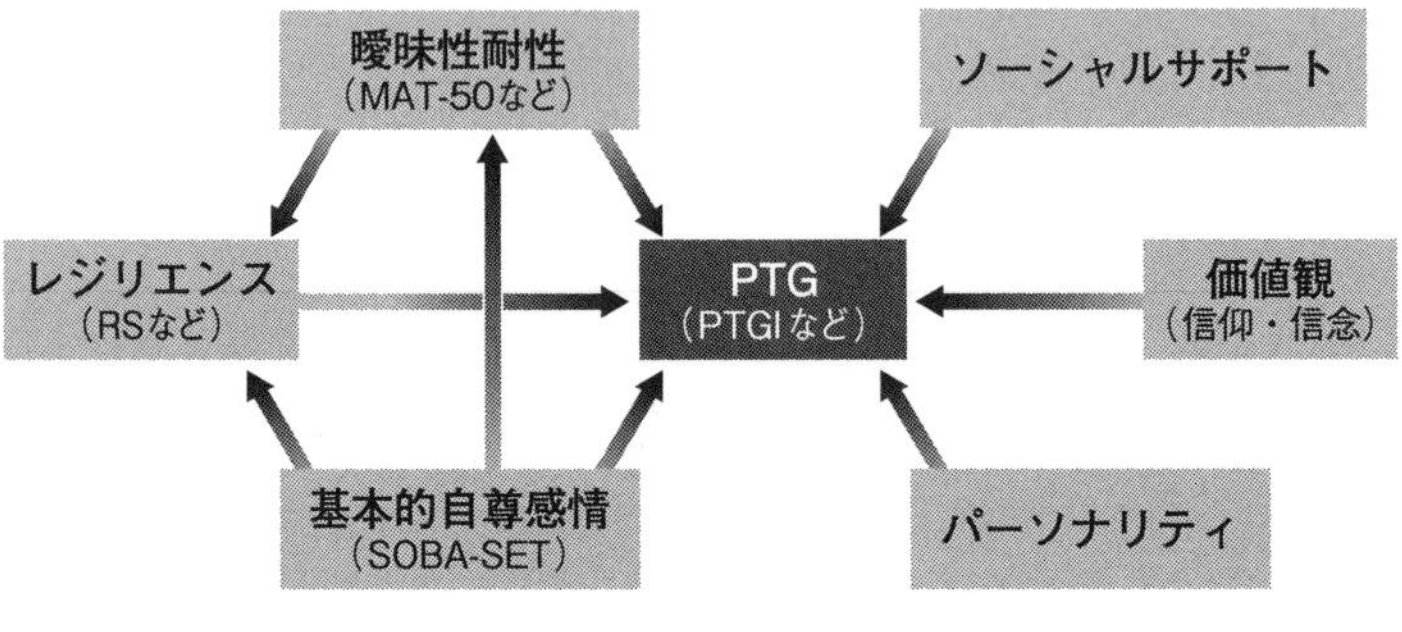

ることが、いざという時にその人を支える力になります。

価値観

何らかの強い信念を持つことが、「自分は大丈夫だ」と思えることにつながることはあるでしょう。こうしたその人固有の価値観は、人生に大きな影響を与えます。この価値観には宗教的な信仰も含まれますし、自分なりに築いてきた思想信条や人生哲学も含まれます。価値観によって人の行動や生き方が決まりますので、何かを乗り越えなくてはならない時の心の支えになることは充分に考えられます。

パーソナリティ

もともと、その人が持っているパーソナリティも大切です。打たれ強さや、良い意味での鈍感さ、楽観的な考え方かどうかなど、心の中核にあるような性格特性です。体の強さや耐性、あるいは柔軟性などと同じように、心の強さにも個人差はあります。また、パーソナリティによって、ソーシャルサポートの有無や、どれだけの支援を受けられるかといったことにも影響します。

回復する力──レジリエンス

レジリエンス（Resilience）とは、精神的な弾性や回復力のことで、過酷な体験に打ちひしがれた後も、押しつぶされることなくそこから立ち直る力のことをいいます。踏まれても、踏まれても、困難な状況の中でも、そこでうまく適応して立ち上がる、カーペットの毛足のような回復力です。

「心が折れそう」という言葉を聞くことがありますが、ストレスによって心が立ち直れずポッキリと折れてしまいそうだという、うまい表現です。レジリエンスが高ければ、心が折れることはありません。

心理学の研究によるとレジリエンスは次の要素で構成されています。

①肯定的な未来志向性を持っていること

②感情の調整がうまくできること

③興味関心の多様性を持っていること

④忍耐力があること

①肯定的な未来志向性を持っていれば、悲劇的で厳しい状況にあっても、将来に希望を持ち続け、新たな挑戦を試みながら先へ進もうとします。②辛いことや苦しいことがあっても、その時の感情に振り回されずに、なんとか自分の感情を調整できることを意味します。③興味関心の多様性を持っているということは、新たな局面や展開を期待して様々なことに挑戦していこうという志向性があるということです。つまり、踏みつけられるような体験をしても、視点を変えて他の新たな方向性を目指すことで立ち直るということです。④忍耐力があるということは、まさにその辛さそのものに耐えられるということです。

レジリエンスとPTGは近いのですが、レジリエンスは回復、PTGは成長して次のステージに上がる、とイメージするとわかりやすいでしょう。

曖昧さに耐える力――曖昧性耐性

曖昧性耐性という言葉は、聞き慣れないと思います。これは「曖昧な状況にどれだけ耐えられるか」という性格特性のことで、子どもの育ちを取り巻く現代社会の問題と関連して、私自身、とても注目している概念です。

日々の生活の中で、白か黒かがはっきりしている状況は、実はそれほど多くありません。白く見えるものでも、少し角度を変えれば灰色に見えたり、あるいは黒く見えたりします。「朝」という時間帯も、いつのまにか時間が過ぎて「昼」になり、さらに「夕刻」になり、「夜」になります。四季も便宜上区切っていますが、春夏秋冬をはっきりと区別する線を引けるようなものではありません。つまり私たちは、そもそも「曖昧な」世界の中で暮らしていて、そうした「曖昧さ」に耐えられるように、私たち自身も曖昧な存在としてこの世界に存在しています。

人は一人では生きていけない存在でもあります。他者との関わりを考えると、よりいっそう曖昧なものになっていきます。

例えば、Ａくんとは仲がいいから敬語を使わないけれど、Ｂくんとは少し距離があるから敬語を使う。友達だけでなく先生や両親、お店のスタッフなど、まわりにいる人たちとそうやって言葉遣いや姿勢・態度などで心理的な距離をとりながら、人は関係を築いていきます。

曖昧な状況の中で人間関係を結ぶには、スキルやエネルギーが要ります。そうして気を遣い、疲れ果てた子どもたちがとる行動は二つです。一つは、これ以上ないというところまで他者と距離をとる、すなわち、引きこもりです。もう一つは、これ以上近づけないというところまで誰かにくっついて一体化する、すなわち依存です。引きこもりや依存は、一つの安定状況なのです。どちらかの行動をとれば、曖昧性に対してエネルギーを使わなくて済みます。

生きていくためには曖昧性に対する耐性を備えておくことがとても重要なのです。

曖昧な存在を許さない現代の社会

そもそも、人間という存在自体が曖昧。そんな人間と人間が関わり合うわけですから、人間関係はさらに曖昧です。ところが、現代社会は曖昧さを嫌う社会として成長してきました。科学技術とそれに基づく工業製品の精緻さが、この物質的な豊かさを支えてきたことは確かです。しかし、その時代の流れは、あらゆる曖昧さを嫌い、排除してきたのではないでしょうか。

昨今では、人々の曖昧性耐性が弱まってきています。対人関係においても、今は「我慢できるか、できないか」の二択しかありません。「あまり好きではない友達だけど、付き合う。好きなところもあるけど、嫌なところもある」といった曖昧な状況に耐えられない子どもが増えているのです。相手のことを我慢できなければ、存在そのものが許せません。

私たちを取り巻く環境そのものから、曖昧さが排除されていっているのです。アナログからデジタルへの変化といってもいいでしょう。土間や縁側で外界と曖昧につながっていた家屋は、アルミサッシによって内と外の違いが明確になり、消えそうで消えないランプやろうそくの明かりは、オンかオフしかない照明のスイッチへと姿を変えました。

子どもの遊びでさえ、曖昧なもの（アナログ）から電子・機械技術を駆使したもの（デジタル）へと、進化（あるいは退化）してきました。曖昧なものに触れることが少なくなった生活環境の中で成長してきた子どもたちは、ごく自然の成り行きとして曖昧さに不慣れな、曖昧さに耐えられない存在となってしまったのかもしれません。

1と0という数字であっても、その間は無限の微妙な違いで埋め尽くされています。1に限りなく近い0．9999…もありますし、0に限りなく近い0．000…もあります。1でもなく0でもない、曖昧な存在に満ちているのです。

まず私たち自身が、そして子どもたちが、この世界は無限の曖昧な存在に満ちているということをわかっていたいと思います。

曖昧性耐性を高める共有体験

曖昧性耐性が弱いということは、曖昧性体験が少ないことと関係しています。だから、曖昧な環境でどれだけ曖昧性を経験するかが大切なのです。しかしアナログなものに囲まれて生活することは、現代では極めて困難なことかもしれません。そこで身近な人間関係、つまり親と子の共有体験を利用して子どもに学ばせるのが一つの良い方法といえます。

例えば、子どもと一緒にテレビを見ていても、親が「こんなくだらない番組を見てはダメ」と言って、内容について完全否定をすることはあまり良いとはいえません。それは、いわば「デジタルな反応」です。

いわゆる俗悪番組といわれるような番組であっても、子どもが引きつけられて見ているということは、子どもに響くものがあるということです。ただ否定してゼロにするのではなく、「ここはおもしろい」けど、「ここはおもしろくない」「ここが私は好きではない」というふうに、白か黒といった二択ではないものの考え方、つまり「アナログな反応」に触れさせることが必要です。

もちろん、「私は嫌」という思いや感情をストレートに表現することもとても大事です。

そこから、子どもは「人には様々な考え方がある」ということを知り、その中で自分はどうなのかということを振り返るのです。そういうことの繰り返しが、「お父さんなんて大嫌い」ではなく「お父さんのこういうところが嫌い」という表現に発展し、広く人間関係にも汎用されていくのだと思います。

曖昧性耐性を育む物語性

今、私たちの生活環境を変える（昔に戻る）ことは容易にできませんし、現実的ではありません。

そこで重要なのは、物語性だと私は思います。幼い頃からの豊かな経験の積み重ねによって、様々な物語が紡がれていきます。豊かな物語性を持つことで、人の心のひだに潜む微妙な思いを表現する言葉が自分のものになっていき、やがてその言葉が自然と口をついて出てくるようになります。曖昧な感情をより的確な言葉で表現できるようになれば、結果的に曖昧なものを受け入れることができるのだと思います。

例えば「遊び」というものも曖昧で定まらないものです。外で遊ぶ子どもの様子を見ていても、審判もいない遊びのルールは明文化されているわけではなく、あくまでも互いの暗黙の約束事といつもの流れで進行していきます。日時や場所や顔ぶれが異なると、以前のルールが適用できなくなることもあるでしょう。だからうまく進まない時には中断し、進めやすいようにルールを改定し、また遊びが再開されます。

子どもにとって遊びは、豊かな共有体験の宝庫です。そしてこのように曖昧な環境で曖昧な体験ができるという意味でも、重要なのです。

曖昧さ、回復、成長はつながっている

トラウマティックな体験は、誰にでも起こる可能性があります。自然災害を体験するのは限られた人かもしれませんが、誰でも失敗したり負けたり、

転んだりすることはあるでしょう。その時に「それをバネにして、成長につなげられるか」ということを考えると、やはり曖昧な状況に耐えられる心があるかどうかは、とても重要です。

強風にさらされた時に穂を傾がせて、その時が過ぎるのを待つ。そして風が凪いだ時、またもとの状態に戻る。そんな回復力、つまりレジリエンスも、曖昧な状態に耐えられるという、日常の生活があってこそ、はじめて成り立ちます。直立しているのか、折れて倒れてしまうかといった、二者択一でない状態が、穂を傾がせて揺れている状態なのです。そんな状態を耐えてこそ、その後の成長にもつながっていきます。

身近な自然や私たち自身の日常を考えてみると、こうして「曖昧さ」と「回復力」そして「成長」は深く関係し合い、結びついていることがわかります。

根っこで支える基本的自尊感情

穂が、強風に揺られながら立ち続けているのは、その存在全体を支える根が、大地にしっかりと根づいているからでもあります。

ここまで、人が乗りこえる力を具体的に探ってきました。そこには、曖昧性耐性、レジリエンス、PTGなど、回復と成長のプロセスがありました。

私は、これらを支えるものこそが、基本的自尊感情だと考えています。「この感じ方で間違っていないんだ」「自分はこれでいいんだ」「生きていていいんだ」という人格の根っこにあるものが強固だからこそ、曖昧な世界の中の曖昧な自分に耐えることができ、様々なストレスをやりすごしたり、弾んで反発したりして回復できるのです。そして、自分一人の力ではどうしようもない困難な状況に追いやられたとしても、ありのままに前へ進むことで、新たな視野を獲得し、世界を広げる成長につなげることができます。

PTGとの関係で見ると、基本的自尊感情が高い人ほどPTGを体験しやすい、という私たちの調査結果も出ています。大学生を対象にした調査ですが、基本的自尊感情とPTGを測定する心理尺度を用いて調べた結果、基本的自尊感情得点が高いほどPTGのポイントも高いという結果が出たのです。

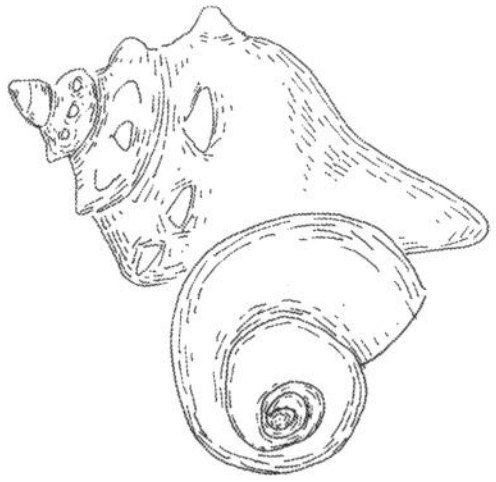

人が重要な局面で、苦難を受けながら立ち上がってより成長しようという時、まさに乗り越えようとする力の源には、基本的自尊感情が位置づけられているのです。

子どもたちの死といのちの理解

生と死を知る

「いのちの体験」とは、生命には限りがあるということを知る体験です。小学校入学前に、既に多くの子どもたちは「死の不動性」を認識しています。死んだ人は動かないというのが「死の不動性」です。動かないというだけですので、眠っている人と死んでいる人の区別がつきません。

小学校低学年くらいで、多くの子どもたちが「死の不可逆性」を理解するようになります。死んだ人は、もうもとに戻らない、生き返らない、というのが「死の不可逆性」です。

小学校高学年になれば、ほとんどの子どもたちが「死の不可避性」を知るようになります。誰もが死ぬ、死は避けられないということです。大好きなおじいちゃんもおばあちゃんも、そしてお父さんもお母さんも、自分自身でさえ、いつかは死ぬのだ、ということを知ってしまうのです。

こうして、「死の不可避性」を知る瞬間が、「いのちの体験」の瞬間です。そして子どもたちは考えるのです。「死ぬってどういうことだろう?」「死んだらどうなるんだろう」「生きているってどういうことだろう」「何のために生きているんだろう」「どうして生まれてきて、なぜ死んでいくんだろう」「そもそも、いのちってなんだろう」。そんな疑問が、尽きることなく次々と現れてきて、子どもたちの心を占領します。

子どもたちが「いのちの体験」をするきっかけは様々です。一番多いきっかけは、おじいちゃん、おばあちゃんの死です。大好きだった祖父母と死別した時、「死の不可避性」がいやおうなく子どもたちに突きつけられます。最近は、目の前で祖父母が亡くなるという体験をすることは減ってきましたが、子どもにとっては、人生の中でとても大きな出来事なのです。

次のお話は、小学5年生のAくんと小学1年生のBくんの兄弟が、お父さん、お母さんと一緒に、田舎のおばあちゃんのお葬式に行った時の出来事です。

田んぼに囲まれたおばあちゃんの家の広い座敷には、布団に眠ったように

横たわったおばあちゃんがいました。お母さんと並んでおばあちゃんの顔を覗き込んだ小学1年生のBくんには、おばあちゃんはただ眠っているだけのようにしか見えません。ただ、お母さんやまわりにいる人たちの様子は、なんだかいつもと違うように感じられます。

一方、お父さんと並んでおばあちゃんの枕元へ行った小学5年生のAくんは、3年前に亡くなったおじいちゃんと同じように、もうけっしておばあちゃんは動かないし、やがて焼かれて骨になってしまうのだということがわかります。そして、おばあちゃんは二度と戻ってこないということも知っています。だから、寂しくてとても悲しい気持ちになり、隣にいるお父さんが涙を浮かべているのを見て、自然に涙が出てきました。

お葬式が終わって家に帰ってから、弟のBくんは、おばあちゃんのことを思い出し、お母さんに、「あの後、おばあちゃんはどうなったの？　今頃どうしているの？　また畑のお仕事をしているの？」などと尋ねます。お母さんは、少し驚いた様子でしたが、深いため息をつき、優しい目でお話をしてくれました。「おばあちゃんはね、病気で死んでしまったのよ」。Bくんはさらに問いかけます。「死んで動かなくなったら、その後どうなるの?」。お母さんは、少し間をおいてから、空を見上げるようにして、Bくんに語りかけました。「死んだら、お空に昇っていくの。そして、大好きなBくんのことを、いつも見ていてくれるのよ」

それを聞いたBくんは、なんだかうれしくなりました。おばあちゃんは、どこかへ行ってしまったのではなくて、いつも自分を見ていてくれるのだと信じられたからです。

小学1年生のBくんの年齢では、先ほども述べたように、だいたい「死の不動性」(死んだら動かない)は理解できています。ただ、「死の不可逆性」(死んだら生き返らない)や「死の不可避性」(死は誰にも避けられない)などは、まだ理解できていません。これら3つの概念が理解できるようになるのは、小学5年生のAくんくらいの年齢になってからです。ですから、Aくんにとっては、お父さんとともに涙を流して、おばあちゃんとお別れするということが、とても大きな意味を持っています。お父さんと悲しみの感情を共有して、自分だけの悲しみにしないことができたからです。

一方、弟のBくんの場合はどうでしょう。死の意味が充分わかっていない段階で、無理に説明することは避けたほうがよいと思います。それよりも、たわいのないウソ、夢のあるお話で、気持ちをやわらげてあげることが大切です。「お空からあなたのことを見ているのよ」といったお話は、お葬式の雰囲気から得体のしれない不安を感じているBくんを勇気づけてくれます。

幼い頃、サンタクロースのお話を信じていた子どもが、大きくなってから「だまされた！」といって親を恨むようなことはしません。むしろ、「よくぞ、だましてくれた」と、感謝するのではないでしょうか。得体の知れない死の不安に取り付かれている子どもは、夢のある話でしっかりと「だましてあげる」ことこそが大切なのです。

いのちの体験

10～12歳の子どもは、わけもなく、「人間はなぜ死ぬのか」「やがて自分も死んでいくのか」とふと恐ろしくなり、その恐怖と不可思議さが頭にこびりついて離れなくなることも少なくありません。

こうした言い知れぬ悲しみや恐怖、挫折感をはじめて味わうことの多い年齢なのです。この頃に遭遇した、いのちそのものへの畏怖心を、私は「いのちの体験」と呼んでいます。思春期の子どもに一瞬にして襲いかかる、いのちへの畏怖心、孤独感は大変な重荷です。とても一人では持ちきれません。

だからこそ、それを誰かと共有することが大事なのです。親や兄弟、あるいは友達や先生と悲しみや苦痛を共有できた時にはじめて、子どもはそれを生きる力に変えます。誰かと「いのちの体験」を共有できた子どもは、いじめられたり逆境に遭ったりしても、けっして自らいのちを絶とうとは考えません。いのちの体験を共有したことで、自分のいのちの大切さを確信できているからです。

では、それができなかった子どもはどうなるのでしょうか。自分が生きていることに確信が持てず、他者からの愛情にも不安を抱きやすく、常に一人で孤独という重い荷物を背負い続けています。その重荷に耐えられなくなった子どもたちが、死に急ぐのではないでしょうか。あるいは、死に急ぐ以前に、死を心の奥深くにしまって猟奇的な殺人を行うような事件も起こっています。

いのちの秘密を知りたい

「いのちの体験」をきっかけに、「いのちの秘密を知りたい」という欲求に突き動かされて、子どもの心にはさざ波が立ちます。普通に生活している中で、そのさざ波は自然に消えていくこともありますが、さざ波がきっかけとなって、さらに大きな波が打ち寄せることもあります。それは、子どもが一人で「いのちの体験」に立ち向かわなければならないような時です。そして「いのちの体験」をした後、子どもを一人にしておくことは危険です。

ドイツの心理学者であるエーリッヒ・フロムが『愛するということ』（鈴木

晶訳、1991）の中で述べているように、「いのちの秘密を知りたい」という欲求がそのまま進んでいくと、人を殺してみなければ収まりがつかないものとなるかもしれないのです。

子どもは、時計が動く秘密を知りたいと思えば、時計を分解してみます。なぜ虫が動くのか知りたいと思えば、虫を解体してみます。同じように、人間の秘密を知りたいと思えば、人を解体してしまうことになるのかもしれない、とフロムはこの本の中でいっています。

では、子どもが「いのちの秘密を知りたい」と思ったときに、どうすればいいのでしょうか。フロムは、その答えは愛することだ、といっています。愛すること、愛し合うことによって、人間の素晴らしさや生きることのうれしさを実感し、その瞬間に生きることの意味がわかるといいます。つまり、いのちの秘密を分析して知るのではなく、全体的に丸ごと知ることができるというのです。

フロムは「愛すること」といいますが、それを私は「共有すること」と言い換えています。そうすることによって、親子や兄弟姉妹あるいは友人関係だけでなく、教師と子ども、カウンセラーと子どもなど、広い意味で使えると思うからです。

共有体験と棚上げ

悲しみや苦しみ、不安や絶望感は、一人で抱え込まず誰かと共有することが大切です。同じように、うれしさや喜びや安心感などを誰かと共有することも大切です。様々な感情の共有体験が、子どもたちにとって極めて大切です。そうした感情の共有体験を積み重ねることによって、「自分は一人ぼっちで孤独なのではない」と思ったり、「自分は今のままでいいんだ」と受け入れたりすることができるようになります。

そんなふうに自分を受け入れることを、私は「棚上げ」といっています。「いのちの秘密を知りたい」という欲求は消え去ることがありませんし、しかもその答えは手にできないままです。いわば未解決の大問題は、存在し続けているのです。その大問題を、どこか心の奥深くへしまい込むのではなく、棚に上げておくという意味です。

一人で秘密を知りたいという大問題に取り組んだ子どもは、心の奥深くへその大問題を押し込めておくかもしれません。そして、その問題が時々心の奥底でうごめき、子どもを不安にさせます。一方、誰かといっしょに大問題に取り組んだ子どもは、みんなと力を合わせて、その大問題を棚に上げます。電車の網棚のようなものですから、見上げれば、いつでもその大問題がありありと透けて見えます。

人生という名の電車が分岐点にさしかかって、ガタガタッと大きく揺れることがあります。受験、恋愛、失恋、就職、結婚など、人生の大きな節目で人生という名の電車は大きく揺れます。すると、網棚から「いのちの秘密の大問題」が落ちてきます。

「自分にはどんな価値があるのだろう」「自分の人生に意味があるのだろうか」「生まれてきたことの意味は何だろう」「なぜ生きているのだろう」「生き

るとはどういうことだろう」「死ぬってどういうことなんだろう」「いのちってなんだろう」。

そんな「いのちの大問題」が、棚から落ちてくるのです。でも、幼い時から、お母さんや家族といっしょに、小さな共有体験を積み重ねてきた子どもは大丈夫です。そして、人生で最初の「いのちの体験」の時、誰かといっしょに問題を「棚上げ」にした経験があれば大丈夫です。一人で、その問題をまた棚に上げることができるのです。

虫を殺して遊ぶことの意味

共有体験と棚上げの問題について、もう少し具体的な例を挙げてみましょう。

小学４年生のＣくんは昆虫が大好きです。カブトムシやクワガタは最高の宝物です。チョウやトンボも好きです。日曜日などは近くの公園や空き地で、友達と一日中虫を追いかけて遊んでいます。そんなＣくんの様子を見て、お母さんは喜んでいました。元気に友達と野外で遊ぶことは、お母さんの望みでもあります。自然と親しむことで、いのちの大切さも身体で覚えてくれると思うからです。

ところがある日、公園で遊んでいるCくんたちの様子をなにげなく見ていたお母さんは、背筋が凍りつくような感覚を覚えました。公園の片隅にうずくまるようにして、Cくんたち三人の男の子が輪をつくり、カマキリを雨上りの地面にできた小さな水たまりにおぼれさせていたのです。すでに足や羽はもがれているのでしょう。ただ、苦しげにカマキリはもがき続けます。子どもたちは、おぼれて動きが鈍くなり死んでいくカマキリの様子を、瞬きもせず無言で見つめていたのでした。

お母さんの驚きは、どれほどだったでしょう。虫が好きで、楽しく遊んでいるとばかり思っていたCくんが、実は残酷な秘密の遊びにふけっていたのを知ってしまったのですから。お母さんは、自分自身の体験として、そんなふうに虫を殺したことなどありませんでした。人から聞いた話としては、確かに子どもが虫を殺したりすることがあるとは知っていました。しかし、まさか自分の子どもが、しかも虫が人一倍好きなCくんがそんなことをするなんて、想像もしていませんでした。

さて、Cくんはなぜ虫が好きなのでしょう。Cくんが虫好きになった理由は、虫が動くことが不思議だったからなのです。しかも、卵から幼虫を経て成虫になる様子をずーっと観察していたCくんは、動かない卵が変化して、やがて動くようになることが不思議で、強く興味を引かれていました。

実は、虫を殺すことは、その逆の道筋をたどることです。元気に動いていた虫が、どんなふうに次第に動かなくなって、やがてまったく動かなくなるのか、その過程を観察したかったのです。動かないものが動き出すこと、つまり卵がやがて成虫になっていくことは興味を引きます。同じように、動いていたものが、やがて動かなくなり死んでしまうことに、強い関心を持つのは自然なことです。

その証拠に、Cくんたちはカマキリの動きが少しずつ鈍くなって、死んでいく様子を観察していたのです。友達といっしょにこうした体験をすることを、私たち大人が心配する必要はありません。何度か体験をすれば、やがて彼らはそのことに興味を示さなくなるからです。

4年生くらいからの子どもたちは、同性の仲間といっしょに遊び、様々な経験をします。同性だからこそわかり、同性だからこそ通じ合える、そんな共有体験は人生の宝物になります。Cくんたちがしていたような秘密の遊びや儀式も、こうした友達との関係の中で体験され、大切な意味を持つのです。

ただ、一人で遊んでいて、目の前の虫をいきなり足で踏みつけてつぶしてしまうような行動には、注意が必要です。それは、Cくんたちのやっていたこととは、まったく意味が違うからです。いずれにしても、お母さんとしてはすぐに騒ぎ立てて、お説教をしたりしないようにしてほしいものです。静かに、この後のCくんの様子を、少し注意してみることが大切です。一人で秘密の遊びにふけったり、衝動的に虫を殺したりするようなことがあれば、何らかの介入をする必要がありますが、友達とこうした秘密の遊びを何回かして、やがて自然に別の遊びに移っていけば心配はいりません。

映画に見る友達との共有体験

これまで見てきたような、「いのちの体験」「共有」「棚上げ」を友達としていく、その過程を描いた物語が、10歳の少女の『千と千尋の神隠し』であり、11歳の少年の『ハリー・ポッター』であり、12歳の少年たちの『スタンド・バイ・ミー』なのだと思います。

誰もが経験してきた、こうした一連の出来事を描いた映画であるがゆえに、多くの人の共感を呼んだのではないでしょうか。表に示したように、これらの物語にはいくつかの共通項があります。いずれも、頼るべき親がいない状況に置かれ、様々なことを契機として「いのちの体験」をしています。しかし、彼らは一人で「いのちの体験」に立ち向かっているのではありません。そこには、信頼できる友達がいるのです。

「いのちの体験」における、寂しさや不安、そして苦しみの感情を、友達と共有できているのです。人はいつか死ぬのだ、そして自分も有限な存在である、といった事実を知り、自らの存在の意味を問いかけて苦しんでいるのですが、一人ではなく友達といっしょというところがポイントです。彼らは、そうした自分のいのちに対する重い問いを、友達と力を合わせて、人生という名の電車の網棚に載せることができたのでしょう。

10歳から12歳での「いのちの体験」

	千と千尋の神隠し	ハリー・ポッター	スタンド・バイ・ミー
年齢	10歳	11歳	12歳
親	豚になっている	1歳時に死んでいる	長男の死へのとらわれ
契機	死にかけた体験	擬人化された死	12歳少年の轢死体
友人	ハク	ロン、ハーマイオニー	クリス、バーン、テディ
鉄道	沼の底へ向かう列車	ホグワーツ特急	死体へと導く線路

ここでは共有体験の例として、映画『スタンド・バイ・ミー』の原作である、アメリカの作家スティーヴン・キングの小説を読み直してみたいと思います。

物語はゴーディという12歳の少年を主人公として繰り広げられます。彼には3人の仲間がいます。クリスは中でも一番の親友で、腕力と知力に優れたグループのリーダー格です。それにバーンという太り気味の、度の強いめがねをかけた少し動きの鈍い少年、そして父親からひどい虐待を受けて育った不良じみたテディです。この4人が、12歳の夏、つまり日本でいえば中学校入学を目の前にした休暇中のある日、1泊2日のキャンプに出かけるのです。

まず、少年たちが12歳であることに注目したいと思います。この思春期の時期は、ある意味で子どもたちの世界が大きく転換する大切な年齢です。前に述べた「いのちの体験」の時期としても、この年齢は忘れることはできません。

さて、物語に沿って考察を進めていきましょう。（『スタンド・バイ・ミー―恐怖の四季　秋冬編―』スティーヴン・キング、山田順子訳、１９８７）

ある日バーンが秘密を手に入れてきたところから、物語は始まります。その秘密とは、森の奥に列車による轢死体があるという噂話です。バーンは、不良がかった兄たちの会話を盗み聞きしたのです。彼らは「列車に轢かれた少年を見に行って、どうしようというのか」（前掲１４０頁）などと言いつつ、結局キャンプの道具を持ち出して発見の旅に出かけます。少年たちは、毛布とわずかばかりの食料を手にして、意気揚々と街を後にするのです。

そんな中で、クリスはひそかに家から父親のピストルをも持ち出していました。ピストルで何を奪い取ろうというのでしょうか。あるいは何を守ろうというのでしょうか。彼らはまさに命をかけて、死体を自分たちの目で見つけ、自分たちのものにしようとしていたのです。なぜ、それほどまでして死体を自分のものにしなければならないのでしょうか。それは12歳の彼らにとって、最も重大な関心事が「いのち」だからです。

クリスは複雑で恵まれない家庭に育って、町の人たちからも後ろ指を指されるような少年でした。バーンはその性格と体格と行動から、みんなから馬

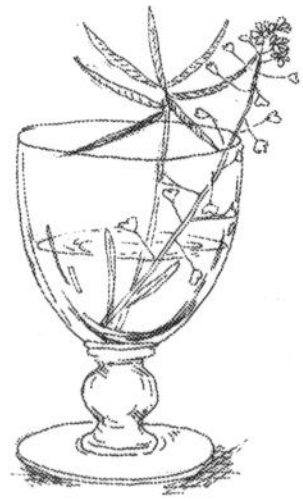

鹿にされていました。テディは親から虐待され身体に障害を負っていました。そして、主人公のゴーディは、最愛の兄を亡くしたばかりでした。いわば、一人では寂しさに耐えられないかもしれないような少年たちは、お互いを必要としていたのです。いのちの意味を、深刻に問わざるを得ない状況に向き合っていたといってもよいでしょう。その恰好のきっかけが、轢死体だったのです。

　ゴーディについていえば、最愛の兄を亡くして悲しみに打ちひしがれ、死の意味を深く考えさせられる毎日でした。そんなとき、父や母とその思いを共有できれば、彼はどんなにか救われたことでしょう。しかし、親たちは親たち自身、優秀な長男を亡くしたショックから我を忘れ、残された次男を気遣う余裕はありませんでした。ゴーディが話しかけても、問いかけても、母親も父親も上の空で応えてくれません。そのように両親から無視され、孤独な状態のゴーディに、クリスは言います。「おまえんちの両親が無関心すぎて見守っててやれないってのなら、たぶん、おれがそうすべきなんだろな」（前掲199頁）。

4人の少年は困難な旅を続けました。もちろんその道中は、少年らしい楽しみと悪ふざけと笑いにまみれていました。ただ、彼らは「死体にとりつかれ」そして「どうしても、死体を見たかった。見るだけの価値がある、と信じこむようになっていた」（前掲226頁）。そして、ついに轢死した少年の死体を見つけたとき、彼らは一つの大きな山を登りつめたといってもよいでしょう。いのちの体験を通して、大人への山を登ったのです。

「最初にレイ・ブラワーの死体に近づいたのは、クリスとわたしだった。死体はうつぶせになっていた。クリスがわたしの目をのぞきこむ。その顔はこわばり、きびしかった――おとなの顔だった」（前掲252頁）。

スティーヴン・キングは、少年たちに轢死体を発見させるというかたちで、いのちの体験を印象深く見事に象徴的に描き出したのです。

「彼はそこに横たわったままだ。またひとりぼっちになった。わたしたちがひっくり返したときに両腕がおりたので、今は手足が大の字に広がっていて、太陽の光を歓迎しているように見える。一瞬、葬儀屋によって別れのあいさつのためにととのえられたどんな死の場面よりも、自然なようすに見えた。（中略）彼はわたしたちと同い年なのに、死んでしまった。わたしはなにもかも自然に見えるという考えを、きっぱり却下した。恐怖とともにわきに押しやったのだ」（前掲278頁）。

少年たちはいのちの体験を共有することによって、いのちへの畏れや、死の不安や寂しさ、そして生きることの意味に、一つの仮の答えを得ました。そして問いを棚上げにしたのです。

いのちの教育の展開

2014年に長崎県の佐世保市で、女子高校生が同級生を殺害するという悲惨な事件が起りました。しかし10年前にも同じ長崎県佐世保市で、6年生の女児が同級生を殺害するという事件があったのです。以来、長崎県では10

年間、いのちの大切さを子どもたちにしっかりと実感してもらいたいと願って、「いのちの教育」に熱心に取り組んできました。

ある学校では不治の病にかかっている方を招いて生徒にお話を聞かせ、いのちの大切さを生徒に考えさせていました。また、様々な動植物を飼育するという活動を積極的に行う学校もありました。しかしながら、今回の事件を防ぐことができなかったという意見が、多方面からメディアなどで何度か紹介されたのです。

私自身は、「自分と同じような喜びや楽しさ、不安や寂しさを感じている人がいる、と実感できる体験が大事だ。それが自尊感情を育て、他者の尊重にもつながる。現代の子にはこうした共有体験が減ってきている。学校現場にはまだできることがある」と、新聞の取材に答えて申し上げました。「いのちの教育」をいくらやっても、共有体験を行わないと、子どもたちの中には積み重なっていかないということです。共有体験という大切な筋があれば、子どもたちももう少しきちんと自分の大切さ、自分の存在意義について考えることがあったかもしれません。

いのちの教育とは何か

〝いのちの教育〟と聞いて、多くの人がまず思い浮かべるのは、ニワトリやブタを飼育して殺して食べるといった実践や、不幸にも亡くなった人の例を示していのちの大切さを説くような授業、あるいは妊娠・出産の過程をビデオで見せたりする授業ではないでしょうか。

実際、私自身も、そうした授業を、ゼミの学生といっしょに行ったことがあります。詳細については省きますが、要するに、死を前面に出した授業でした。中学2年生のクラスでの1時間の授業でしたが、まさに中学2年生の時に骨肉腫で亡くなった少女の生前の様子を、写真や彼女の残した遺書などとともにスライドで紹介しながら、死について考えるという、視覚に訴える授業だったのです。「今、あなたたちが生きているということは、本当に幸せで奇跡のようなことである」と。遺書も涙なくしては読めないようなものです。

生前の少女も、写真の中で、髪の毛が全部抜けた状態でニコニコ笑っています。教室は静まり返り、教師役の大学生の話に一心に耳を傾ける、真剣な生徒たちの様子が印象的でした。その学校の先生からも「彼らがこれほど授業に集中しているのを見たことがない」「普段ならしばしば机に座っていられずに校内を徘徊するような生徒が、授業を真剣に聞いていた」など、いつもとまったく違う様子が感じられたとの感想が聞かれました。

「子どもといのちの教育研究会（現・日本いのちの教育学会）」（１９９８年設立）を立ち上げたばかりで、しかも子どものターミナルケア（終末期医療、終末期看護）に関心を持っていた私としては、ごく自然な流れでこうした授業を企画し実践しました。その授業は成功して取材も来ましたし、大きな新聞記事にもなりました。しかしながら、私の気持ちはなぜか釈然としなかったのです。

授業は確かに、生徒の気持ちにくさびを打ち込むことに成功したかもしれません。しかし、ある意味で当然のことかもしれませんが、そこには取り上げた話題の性質もあって、笑いがありませんでした。もし死を前面に出した授業でも、授業の展開の中に笑いや楽しさがあれば、それは素晴らしい授業だと、私自身も感じられたかもしれません。しかし当時の私の力量では、死を扱いながら、同時に生徒に笑顔をもたらすような授業は、残念ながら考えられませんでした。それは今でも難しいように感じています。

そして、気持ちが釈然としなかったもう一つの理由は、その授業が〝死〟のみを扱っていたからです。もちろん、いのちの教育を考えるならば、誕生から死までのあらゆる出来事が話題に取り上げられるべきでしょう。ただ、死を通して生を教えるような考え方、言い換えれば、〝死〟という影の部分を強調して示すことによって、〝生〟の明るさを際立たせようという、いわば変化球を好きになれなかったのです。

もっと直球で、明るいものは明るい、楽しいものは楽しい、というふうに子どもたちに伝えていきたい。そんな時、ある小学校の先生から、「いのちの授業の新聞記事を読みました」と連絡をいただきました。「教職員全体で共有したいので、ぜひ来てほしい」ということで出かけて行き、「こんな授業をやったらどうか」と先生たちと話し合っているうちに、基本的自尊感情の概念がだんだんとはっきりしてきたのです。

基本的自尊感情を育むことこそ

基本的自尊感情とは、自分を無条件に受け入れ、生きていていい、ここにいていいという根本的な安心を与える感情です。この時に、いのちの教育の目的は、「自分自身のいのち、自分自身の存在を無条件に受け入れられるようになること」だと考えるに至ったのです。

それは、言い換えれば基本的自尊感情を育むことこそが、いのちの教育のテーマとなり、目的となるべきであろうということです。まず、一人ひとりの子どもたちが、自分自身の基本的自尊感情を育むこと。育んでいくその過程で、数多くの共有体験が経験されます。それは、まさに他者と思いを共有することであり、他者に思いをいたすこと、思いやりを育てることにもつながります。

つまり、いのちの教育の実践は、道徳や総合的な学習の時間、あるいは特別活動、理科や保健などの教科に限らず、算数や音楽や社会科など、どのような授業の中でもできると考えることができます。要するに、共有体験（体験の共有＋感情の共有）ができるならば、それはすべて基本的自尊感情の醸成に役立つわけで、それはすなわち、いのちの教育だと考えられるからです。

結論的にいえば、基本的自尊感情を育む教育活動はいのちの教育と呼べるものであるし、逆にいのちの教育を行えば、必然的に基本的自尊感情が育まれるというのが私の考え方です。

いのちの教育の枠を狭く捉えるのではなく、基本的自尊感情（つまり自分、そして自分のいのちを大切に思う感情）を育む教育活動として、大きな視野で捉えていくことの大切さを強調したいと思います。

死んだ金魚をどうするか

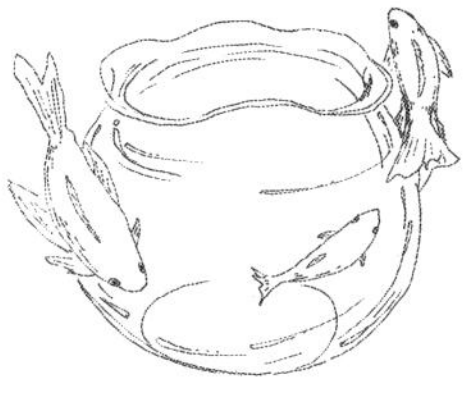

私自身は、カウンセラーや教師としての経験から、感情や意志が先に動き、それに沿ったかたちで行動が起こされるのではなく、何かの瞬間に身体が動いてしまった結果、気持ちが後追いするかたちで変化する、つまり、体験や経験の共有が先にあり、その後、あるいはそれと同時に感情や意志の共有が生じるのではないかという実感を持っています。

いわば、「感情から行動が生じる」のではなく、「行動から感情の変化へ」という流れです。悲しいから泣くのではなく、泣いているうちに悲しくなってくる、という現象です。最後に、金魚の墓を例に挙げておきたいと思います。

「家で飼っていた金魚が死んだ時どうするか」という質問を、これまで講演などの場で、数多くの人々に投げかけてきました。日本国内だけでなく、台湾やカナダ、フィンランドなどの海外の人々にも聞いてみました。

私としては、当然のことながら、自分自身の経験と同じように、庭の片隅に穴を掘って金魚を埋葬し、割り箸の十字架や小さな石ころの墓石を飾る、という答えを期待して聞いたのです。もちろん、大多数の人々は同じような経験を持っていました。ところが、数人がそうした経験がないというのです。集合住宅に住んでいるので、金魚を埋める庭がないという説明が多く、「それでは、金魚はどうするのか」と問うと、驚くべき答えが返ってきました。ある人は、死んだばかりの金魚だから、魚が好物の飼い猫に与える。他の人は、死んだ魚だから生ごみとして捨てる。また別の人は、水洗トイレに流す、というのです。

この最後の答えをはじめて聞いた時、背筋が寒くなったのを今でも覚えています。１００人もの人が集まっていると、トイレに流す人が1人や2人はいるというのが私の経験です。ついでにいえば、カナダでは大多数の人がトイレに流すと言っていましたし、フィンランドではそれはおかしいという人が多く、台湾では埋葬する人、トイレに流す人などが混在していました。

さて、金魚の墓を作って埋葬した時の母子の様子を考えてみます。幼い子どもは、金魚が死んだことを充分には理解できないでしょう。ただ、先ほどまで元気に泳ぎ回っていた金魚が動かなくなり、手のひらの上で次第に硬く小さくなっていくことで、正体不明の寂しさは感じているかもしれません。

そんな中で、子どもは母親とともに金魚の埋葬の作業を進めていきます。庭の片隅に掘った小さな穴に金魚を寝かせ、土をかけていきます。つややかな金魚の横腹が、黒い土によって次第に隠され、やがてまったく見えなくなります。墓の上には、輪ゴムでまとめた割り箸の十字架が立てられます。出来上がった金魚の墓と子どもの目を交互に見つめながら、母親が手を合わせ目をつぶり祈るしぐさを促します。子どもは、母親をまねて手を合わせ目をつぶり祈るまねをします。母親は、そこで次のようにつぶやくかもしれません。

「金魚さん、さようなら。これまで、私たち家族に楽しい時間を与えてくれてありがとう。私たちはいつも、あなたの元気に泳ぐ姿に、とても励まされ慰められました。もう、あなたに会うことができませんけれども、私たちの心の中には、いつまでもあなたとの思い出は消えることはありません。ありがとう。さようなら」

寂しそうに、辛そうにこのように語りかける母親の声を聞き、ともに祈りながら、子どもにとって自分の心にあった正体不明の寂しさとは、このことだったのだということが次第に明確になっていくでしょう。

自分の感じていることは、母親の思いと同じだったのです。こうした確認によって、この間の体験が共有体験として意味を持つことになります。つまり、金魚を埋葬するという行為を共有することによって、その際に同時に起こる感情の共有がなされたのです。母親は子どもをいとおしいと感じ、子どもは母親に守られていると実感するのです。

あとがき

考えてみれば当たり前のことなのですが、放っておいてもいつの間にか時間は過ぎていきます。時間が過ぎれば、当然のことながらその時間の長さに応じて年を取ります。そうした意味では、いつの間にか私もずいぶん年を取ったことになっています。ただ、自分自身では一向にそんな自覚がないのです。

もともとそれほど運動が得意なほうではありませんでしたから、それほど体力が大幅に落ちたようにも思えません。記憶力だって、自分でも天才かと思うほどの能力のきらめきを感じた中学校のごく短い一時期を除けば、ほとんど変わっていない気がします（ああしたきらめきの瞬間は、何らかの形で、おそらく誰にでもあるのでしょう）。

もちろん、企画力や構成力や発想力だって、相変わらず平凡なままで、代わり映えのしない考えや智恵しか湧いてきません。それが証拠に、小・中学時代に身に付いてしまった駄洒落を言う習慣は、半世紀以上言い続けているというのに、質も量も一向に変化しません。（ちなみに、「親父ギャグ」という言葉がありますが、あれは誤解です。親父が言うギャグではないのです。ギャグ、つまり駄洒落を言い合って喜んでいた子どもたちが、たまたま親父の世代になったということなのです。しかもその世代は、一学年２５０万人もいる戦後の第一次ベビーブームの世代であったということからくる悲劇、いや喜劇と言うべきでしょうか。）

話が逸れかけましたが、要するに成長していないということなのです。それは見方を変えれば、上昇もしていない代わりに大幅な下降もしていないということなのかもしれません。ずうっと、低空飛行なのです。

思えば、線香花火のようなあのきらめきの瞬間が、人生一度の一気に伸びる機会だったのかもしれません。実際、それまで同じように遊び呆けていたような連中のなかには、中学校時代に変身を遂げて、それ以後、私とは全く次元の違うおとなの世界へ飛び立って行ってしまった奴もいました。私は、みすみすその瞬間を見逃してしまったのかもしれません。でも、それでよかったと思っています。

私はこれまで一度も、同窓会というものに出席したことがありませんので、そうしたかつての小・中学校時代の仲間や知り合いが、その後どのような人生を送ってきたのか知る由もありません。でも、まあいいではありませんか。こうして子ども時代のまま低空飛行を続けてきたおかげで、今まさにこうして子どもの気持ちのありように、寄り添える地点に居られるのですから。

そんなわけで、おとな（というより、高齢者!?）でありながら、子どもとおとなの橋渡しができる立場に居られる、稀有な存在になれたのかもしれません。その橋渡しの作業を続けてきた、大きな成果の一つが、今回のこの本だというわけです。

おとなと子どもの橋渡しといっても、私は子どもと上手にかかわれる技術を持っているわけではありません。逆に体裁ぶった威厳のある人物のように、おとなの世界でふるまうこともできません。いつも、変わらぬこの〝近藤卓〟という一人の人間のままでいるだけです。

しかしこうして、この本を読み直してみると、無数といっていいほどの多くのおとなや子どもや学生の人たちと、一緒に時間を過ごしてきたのだという事実に思い至ります。よくもまあ、みんな嫌がらずに付き合ってきてくれたものだと感心します。いや、ここは感謝するべきところかもしれません。

長谷吉洋さん、山添路子さん、仲野聡子さんが、根気よく私のこれまでの著作をかき集めて整理してくださいました。そのおかげで、今この瞬間も、この本を手に取って、こうして読むという行為を通して一緒に歩んでいってくださる皆さんを、仲間に得ることができました。

まだまだ子どものことなど、分からないことだらけです。皆さんと一緒に、地道に少しずつ未知の道を進んでいきたいと思っています。

２０１５年8月

近藤 卓

初出・参考文献一覧

本書は、子育てと自尊感情をテーマに、乳幼児期からの子どもの育ちにおける自尊感情をどう育むかについてまとめました。新たな書き下ろしに加えて、これまで出版した単行本や発表論文などの内容も網羅して、加筆修正を行いました。以下は、それら初出文献の一覧であり、また、本書で記すことができなかった、いのちの教育や心理学などの領域での、理論や研究結果の参考文献でもあります。

＊＊＊

『基本的自尊感情を育てるいのちの教育：共有体験を軸にした理論と実践』（近藤卓 編著、金子書房、２０１４年３月）

『子どもの自尊感情をどう育てるか：そばセット（SOBA-SET）で自尊感情を測る』（近藤卓、ほんの森出版、２０１３年１月）

『自尊感情と共有体験の心理学：理論・測定・実践』（近藤卓、金子書房、２０１０年３月）

『「いのち」の大切さがわかる子に―こんな体験で生きる喜びを実感できる！』（近藤卓、ＰＨＰ研究所、２００５年10月）

『いのちを学ぶ・いのちを教える』（近藤卓、大修館書店、２００２年９月）

「識者インタビュー 体験と感情の共有から心を支える『基本的自尊感情』を育む」（近藤卓『総合教育技術』２０１５年５月）

「乗り越える力を育む─乳幼児期の育ちと自尊感情」（近藤卓『げ・ん・き』２０１４年9月）
「子どもの自尊感情をどう高めるか」（近藤卓『児童心理』２０１４年9月）
「基本的自尊感情を育む『いのちの教育』：かけがえのない自分自身の『いのち』を支えるために」（近藤卓『心とからだの健康』２０１４年11月）
「自尊感情を育むいのちの教育」（近藤卓『教育と医学』２０１３年9月）
「〝自尊感情〟って何でしょう？：大会2日目会長講演より」（近藤卓『婦人之友』２０１３年5月）
「いじめをなくすために、できることがある」（近藤卓『婦人之友』２０１２年9月）
「子どもの自尊感情を育む─乳幼児期の基盤形成」（近藤卓『げ・ん・き』２０１２年7月）
『自分を大事にする気持ち』の育て方：子どもの自尊感情を育む理論と実践」（第1～12回）（『月刊学校教育相談』２０１１年4月～２０１２年3月）
「悲しみの体験と成長：失うことが教えてくれること」（近藤卓『児童心理』２０１１年12月）
「10代の子どもとの生活《母親座談会》わが子は思春期まっただ中」（あさのあつこ、近藤卓、栗田美香 他『婦人之友』２０１０年5月）
「いのちの尊さを育む教育」（近藤卓『教育と医学』２００９年3月）
『生きる力』を支える自尊感情」（近藤卓『児童心理』２００７年7月）
「家庭でどう常識を身につけさせるか」（近藤卓『児童心理』２００４年8月）
「ジブリ映画における共視の映像分析」（鈴木彩之、近藤卓『学校メンタルヘルス』２００７年）
「インタビュー 東海大学教授 近藤卓さんに『いのちの教育』について聞く『死の不安と直面することでいのちの尊さを知る』」（近藤卓『総合教育技術』２００６年3月）

著者：近藤卓（こんどう・たく）
1948年生まれ。日本ウェルネススポーツ大学教授。専門は、健康教育学、臨床心理学。高校教師10年の後、東京大学大学院教育学研究科博士課程修了。中学校・高等学校のスクールカウンセラー、青少年のグループ・セラピーなどの実践の後、大学講師、ロンドン大学研究員、東海大学教授を経て現職。臨床心理士、学術博士。日本いのちの教育学会会長。著書多数（p.198参照）。

企画・構成・編集　長谷吉洋、山添路子、仲野聡子
表紙絵画・本文挿絵　近藤伸子
表紙絵画写真　ホリバトシタカ
デザイン　ソースボックス

乳幼児期から育む自尊感情
～生きる力、乗りこえる力

2015年9月9日　第1版　第1刷発行
2019年5月25日　第1版　第3刷発行

著　者　近藤　卓
発 行 者　大塚　孝喜
発 行 所　エイデル研究所
102-0073　東京都千代田区九段北4-1-9
TEL.03-3234-4641　FAX.03-3234-4644
印刷・製本　中央精版印刷株式会社

ISBN 978-4-87168-567-2